キリスト者必読

生涯学習のための
キリスト論

百瀬文晃［著］

女子パウロ会

もくじ

キリスト者必読　生涯学習のためのキリスト論

まえがき

日本のカトリック教会では、司祭と修道者の減少にともなって、差し迫って必要とされていることがあります。それは、信徒の中から求道者のための入門講座や信者の子どもたちの信仰教育を担当する人、また教会の運営や活動をリードする人、そしてまた、カトリック学校や幼稚園でカトリック的アイデンティティを保つための要となるような人の登場です。

そのために求められるのが、信徒の生涯学習です。福音の光を何としても世の中に灯《とも》し続けようという、そのような情熱をもつ人は、まずキリストをよく知り、教会の教えや慣習をしっかり身につけていなければならないでしょう。

この本は、筆者がこれまでたずさわってきた信徒養成講座やカテキスタ養成研修会での講話をまとめたものです。ぜひ生涯学習を志す方々に参考にしていただきたい、と思いたった次第です。

第一部はキリスト論です。第一章から第十二章まではキリストの生涯の事跡をたどりますが、教理を教える立場にある方々のために、付論として教義のキリスト論の概説を付け加えておきました。

読者が聖書の歴史的・文献批評的な読み方を学び、祈りの中で反芻《はんすう》して、イエス・キリストをよりいっそう深く知り、よりいっそう忠実に従っていくことができますように願っています。

二〇二一年十一月一日　諸聖人の祭日に

百瀬　文晃

第一章　洗礼者ヨハネによる洗礼

「キリスト論」とは、「イエスとは何者か」という問いに答える試みです。福音書には、イエス自身が弟子たちに、「あなたがたはわたしを何者だと言うのか」（マコ８・29と並行箇所）と尋ねたことが伝えられています。このように質問されて、ペトロが弟子たちを代表して、「あなたはメシアです」と答えました。「メシア」はヘブライ語、そのギリシア語訳が「キリスト」です。

弟子たちはイエスと三年近く寝起きをともにして、イエスの仕事を手伝って、少しずつイエスがだれであるかを学びました。それでもイエスが十字架上で亡くなったときには、すっかり信仰を失って、散り散りに逃げてしまいました。しかし、復活の主キリストが弟子たちに現れ、彼らに聖霊を注がれたとき、初めて彼らはイエスが真に何者であるかを知りました。

現代のわたしたちも、弟子たちと同じように、イエスの生と死の歩みをともにし、その復活を理解して、初めてイエスが何者であるかを知るようになります。

そこで、弟子たちの信仰の証言である福音書を手がかりに、まずイエスがどのように生き、どのように受難と死を経て、神さまの栄光に入ったかを、もう一度しっかり学び直すことにしましょう。

1　史実のイエスの研究とわたしたちの信仰

現代では、聖書の歴史的・文献批評的な研究を通して、できるかぎり史実のイエスの姿を知ろうという探求が続けられています。ここでは、一般的に合意を得ている聖書学の成果を助けにして、できるかぎり客観的にイエス・キリストの生涯と教えを学ぶように努め、そこからイエス・キリストへの信仰を確認したいと思います。

ときどき、史実のイエスと信仰のキリストとが遊離してしまう、という話を聞くことがあります。つまり、伝統的なカトリックの教えを学んできた人は、イエスを神の子であると信じていますから、福音書に書かれているように、イエスがパンを増やして五千人に食べさせたこととか、水の上を歩いて弟子たちのところにきたとか、そのような記述をごく自然に受けとめています。ところが、歴史的・文献批評的な研究が指摘しているのは、福音書の記述はそれぞれの著者が語り継がれた言い伝えを集め、読者の事情に合わせて書き直したということです。ですから、それは信仰のメッセージを告げるものですが、すべての記述がそのまま史実の報道というわけではありません。しかし、そう聞くと、自分の信仰が揺るがされるかのように感じてしまう人がいるかもしれません。

実は、史実のイエスについての研究は、決して伝統的な信仰に矛盾するものではなく、むしろそれをさらに深めてくれるものなのですが、そのためにはまず聖書の読み方について、しっかり学び直す必要があります。

子どものときに聞いた聖書の物語は、素直で純粋な信仰を養いますが、大人になったらそれだけでは足りません。信仰の成長のためには、やはり年齢にふさわしい聖書の読み方が必要です。ちょうどそのように、わたしたちは歴史的・文献批評的な聖書の読み方を学ぶとき、必ずよりいっそう深い知識と信仰へと導かれるものです。

さて、史実のイエスを知るための出発点は、イエスが洗礼者ヨハネから洗礼を受けたできごとです。史実の研究では、このできごとこそがイエスの宣教活動の始めとして確かめられることだからです。

もちろん、ルカやマタイによる福音書が記しているイエスの誕生やナザレでの幼年期の物語は、多くの人に親しまれ、すばらしい信仰のメッセージを伝えています。日本では、教会外の人々でもクリスマスを知っていますし、子どもたちはクリスマスが大好きです。

しかし、ルカやマタイの記している幼年期物語は、実はイエスの復活への信仰を前提にしていて、神の子キリストを信じる人々によって、かなり後になって語り継がれるようになったものです。それはわたしたちにすばらしい信仰のメッセージを語るものですが、その背後にある史実を確かめることは容易ではありません。

そこで、わたしたちはイエスの誕生の経緯や幼年期の言い伝えについては、他の機会に勉強することにして、ここではまず、だれにも否定できないような確実な史実のできごとから始めることにしましょう。

2　イエスの登場と歴史的背景

今から約二千年前のユダヤは、ローマ帝国の支配下にある地中海沿岸世界の、東の端に位置する、政治的には取るに足りない小国でした。しかし、そこに住む民族は、太古から一神教の信仰を忠実に守ってきた、非常にユニークな、誇り高い人々でした。ローマ帝国によって支配され、税金を搾りとられ、さまざまな弾圧と屈辱を受けてはいましたが、苦境の中でも忠実に自分たちの信仰を守り、モーセの律法を規範として生活していました。国としてはイスラエル、人種としてはユダヤ人、言語としてはヘブライ語（彼らの日常語は同系列のアラム語）と呼ばれています。

ユダヤ人の誇りは、自分たちこそが神から特別に選ばれた民であり、世界の救いは神の民イスラエルを通して来るという、かつて先祖アブラハムに与えられた神の契約（創17・1－8参照）でした。そして、やがてダビデの子孫から「メシア」が現れ、神の民を再興するという約束（サム下7・5－16）でした。メシアとはヘブライ語で「油を注がれた者」の意味で、そのギリシア語訳が「クリストス」すなわち「キリスト」です。ユダヤの伝統では、頭に油を注がれることは、神さまから聖霊を受け、民のために特別の使命を受けるということを意味していました。

しかし、歴史の現実は民族の誇りとは逆で、イスラエルは衰微の一途をたどり、他の列強諸国に蹂躙《じゅうりん》され、幾度となく滅亡の危機に追いやられました。その中で民衆のあいだにますます大きく育っていったのは、「来るべき方」（マコ8・29、マタ11・3、ヨハ4・25）メシアへの待望（メシアニズム）でした。

メシアニズムの中でも、とくに「ダビデの子」（マタ21・9）という称号で呼ばれるメシアを待望する流れは、国粋的な過激さを帯びるものでした。かつてのダビデのように力強く民を指導し、武力をもって他民族の支配を終わらせ、民に独立を獲得してくれる、そのようなメシアの到来が待ち望まれていました。イエスの時代には、武力をもってイスラエルの解放と独立を目指す「熱心党」のグループが組織されていました。彼らは、ローマ軍の監視の目をくぐって、日ごろは一般市民に混じって生活しながら、ひそかに武器を隠しもち、機会があるときにローマ軍とその協力者たちを襲撃しました。ローマ軍は、この人々を「強盗」（マコ15・27、ヨハ18・40）と呼び、捕まえると十字架刑に処するのが常でした。

このような状況のもとで、イエスの説いた「神の国」の福音が、統治者の目には「ローマの平和」を脅かす危険思想と写ったのは当然のことでしょう。後に見るように、イエスは「ユダヤ人の王」（マコ15・26）、すなわちユダヤ民衆を率いてローマに盾突く者として十字架刑に処せられました。

3　洗礼者ヨハネの果たした役割

さて、紀元二八年頃、ヨハネという人物がユダヤ教の刷新運動を起こしました（マコ1・1–8）。四つの福音書は、こぞって洗礼者ヨハネの活動を記しています。ここでは、主としてマルコによる福音書を見ていきましょう。マルコが四つの福音書の中でいちばん先に書かれただけでなく、マタイやルカの福音書がマルコを資料として用いているからです。

預言者イザヤの書にこう書いてある。「見よ、わたしはあなたより先に使者を遣わし、あなたの道を準備させよう。荒れ野で叫ぶ者の声がする。『主の道を整え、その道筋をまっすぐにせよ。』」そのとおり、洗礼者ヨハネが荒れ野に現れて、罪の赦しを得させるために悔い改めの洗礼を宣べ伝えた。ユダヤの全地方とエルサレムの住民は皆、ヨハネのもとに来て、罪を告白し、ヨルダン川で彼から洗礼を受けた。ヨハネはらくだの毛衣を着、腰に革の帯を締め、いなごと野蜜を食べていた。彼はこう宣べ伝えた。「わたしよりも優れた方が、後から来られる。わたしは、かがんでその方の履物のひもを解く値打ちもない。わたしは水であなたたちに洗礼を授けたが、その方は聖霊で洗礼をお授けになる」（マコ1・2－8）。

ここで、「荒れ野で叫ぶ者の声がする。『主の道を整え、その道筋をまっすぐにせよ』」

という言葉は、旧約聖書のイザヤ書からの引用ですが、もともとバビロニア帝国によって捕囚に連れて行かれた民（紀元前五八七－五三九）に、神さまが預言者イザヤを通じて解放と故国への帰還を約束する言葉（イザ40・3）でした。福音書の著者はこれを洗礼者ヨハネにあてはめて、キリストへの道を準備する彼の使命として理解しています。

ヨハネの評判が広まり、ユダヤの全地方から人々が彼のもとにやってきて、彼の説教を聞き、悔い改めて洗礼を受けました。

洗礼者ヨハネは、新約聖書以外の文献、ユダヤの歴史家フラヴィウス・ヨゼフスの著（『ユダヤ古代誌』18・5・2）にも言及されるように、イエスに先立って現れ、イスラエルの民に回心を呼びかけ、罪の赦《ゆる》しのために洗礼を授けた預言者でした。「洗礼」（ギリシア語でバプティスマ baptisma）とは、全身を水の中に浸し、そこから立ち上がることを通して、古い人間に死に、神からの新しいいのちに生きるという、すでにユダヤ教で行われていた沐浴《もくよく》の儀式でした。

やがて洗礼者ヨハネは、領主ヘロデ・アンティパスによって投獄され、処刑されてしまいますが、その死後にも弟子たちの集団が存続し、イエスの弟子たちの集団と競合することもあったようです（ヨハ3・26参照）。

ちなみに、洗礼者ヨハネの興した信仰の刷新運動は、地理的にも内容的にも、同時代にすぐ近くの死海のほとりにあったクムランの宗団との何らかの関係が推測されています。クムランは紀元前二世紀半ばころから始まったエッセネ派の修道院で、彼らの残した「死海文書」の発見（一九四七年）によって知られるようになりました。エッセネ派は、エルサレムの祭司グループとは対立関係にあったようで、砂漠に退き、指導者のもとで祈りと厳格な戒律のもとに集団生活を営んでいました。紀元七〇年にローマ支配に対する反乱が起こったとき、修道院には反乱軍がたてこもり、修道者たちは消失を恐れて宝物である聖書その他の巻物を壺に収め、近くのいくつかの洞窟に隠しました。しかし、生き残った者はおらず、巻物は千九百年にわたって人知れず眠っていました。

死海文書の発見は、世界中に大きなセンセーションとなり、これによって聖書の理解が一変するとさえ言われたほどです。その中には旧約聖書の写本がほぼ全巻にわたって含まれているだけでなく、宗団の生んだ独自の書物もあって、当時の歴史的状況や思想を知るうえで貴重な資料となっています（日本聖書学研究所『死海文書』山本書店参照）。

クムランは洗礼者ヨハネが活動していた場所から歩いていける距離ですし、「らくだの毛衣を着、腰に革の帯を締め、いなごと野蜜を食べていた」というヨハネの禁欲的な生活は、クムランの生活様式に似ています。福音書に伝えられるヨハネの思想や言葉遣いなども、クムランのそれと多くの共通点があることから、ヨハネが一時はクムラン宗団に属していたのではないかとか、福音書を生んだキリスト者の中にはエッセネ派から改宗した者がいたのではないか、などという憶測もなされています。

4　イエスが受けた洗礼

紀元二八年頃（ルカ３・１―３参照）、ガリラヤのナザレという町で大工さんの仕事をしていたイエスは、洗礼者ヨハネの評判を聞いて、ヨルダン川沿いが死海に流れこむあたりの荒れ野に出かけてきました。おそらくは大勢の群衆とともにヨハネの説教を聴き、列に並んで洗礼を受けたことでしょう。

そのころ、イエスはガリラヤのナザレから来て、ヨルダン川でヨハネから洗礼を受けられた。水の中から上がるとすぐ、天が裂けて〝霊〟が鳩のように御自分に降《くだ》って来るのを、御覧になった。すると、「あなたはわたしの愛する子、わたしの心に適《かな》う者」という声が、天から聞こえた（マコ1・9―11）。

マルコ福音書の記述では、「水の中から上がるとすぐ、天が裂けて〝霊〟が鳩のように御自分に降って来るのを、御覧になった」（1・10）と、イエス自身の体験として描かれています。他の福音書では洗礼者ヨハネがそれを見たように描かれていますが（ヨハ1・32―34）、歴史的な興味をもつ者には、もっとも先に書かれたマルコ福音書を基にして考察するのが常套手段です。マルコ福音書は七〇年頃に、マタイ福音書とルカ福音書とはマルコを参照しながら他の資料をも含めて八〇年代に書かれ、ヨハネ福音書は独自の伝承と資料を用いて九五年以降に書かれたと推測されます。

マルコ福音書の記述から、イエスが洗礼を受けたとき、深い神との一致を体験し、神からの使命に目覚めたと推測してもよいでしょう。聖書学者たちが理解しているのは、マルコ福音書の著者がこのできごとを、「イエスがメシアとしての叙任を受けたできごと」として描いている、ということです。

「天が裂ける」とは、神と人とのあいだの隔たりが取りはらわれたことを意味し、聖霊の注ぎは、神から特別の使命を受けることを意味しています。この叙述から、後の教会の伝統では、鳩は聖霊のシンボルとされるようになり、今日に至っています。

ところで、今日のキリスト者には不思議に思われるのではないでしょうか。イエスが神の子なら、罪などとはまったく無関係のはずです。なぜ「罪の赦しのための洗礼」を受けなければならなかったのでしょうか。

この問いに答えを与えるのは、東方教会の伝統にあるイエスの洗礼のイコンです。それはヨルダン川を深い淵《ふち》として描き、その淵の底にはアダムとエバや、それに続く先祖たちが沈んでいます。そこで表現されているのは、イエスが罪びとたちと連帯して深い淵に沈められ、そこから立ちあがることを通して彼らにいのちをもたらした、という理解です。イエスの十字架上の死が罪びとたちの宿命を担うできごとであったと同様に、イエスが罪びとたちと連帯して「罪の赦しのための洗礼」を受けた、と理解されるのです。

イエスが洗礼を受けた後、水からあがって、祈っておられると（ルカ3・21参照）、聖霊が自分の上に降ってくるのを見、「あなたはわたしの愛する子、わたしの心に適う者」という天からの声が、聞こえたと記されています。これは、わたしたちに「祈りとは何か」ということを教えているように思います。ふつうわたしたちは「祈り」と言えば、神さまに何かを願うことのように思いがちです。しかし、ここでイエスは天の父から深く愛されていることを実感しています。「わたしの心に適う者」と訳されている言葉は、原文のギリシア語では、「わたしはあなたを喜んだ」、つまり、イエスを天の父が喜ばれたこと、ちょうど父親のもとに駆け寄る小さい子を父親が慈しむように、父の意志を求めるイエスの姿が天の父の喜びだったことを語ります。祈りとは、父の愛のまなざしのもとに自分を置くこと、と言ってもよいのではないでしょうか。

そして、「天から声が聞こえた」と述べられていますが、それは必ずしも音声的な声であったと言うわけではありません。むしろ、より深い意志の伝達です。わたしたちはときどき祈りの中で「神さまの声に耳を傾ける」というような表現を使いますが、それは比喩的な表現であって、本当に音声として聞こえるかのように思ってはなりません。音声として聞こえれば、それは幻聴であって、病理的な現象として説明されるものだからです。

暮らしの中で

「あなたはわたしの愛する子」

日本人は、八百万《やおよろず》の神々を信じていて、正月などには神社仏閣にお参りして、家族の健康や進学や就職の成功を願うのがふつうです。それは決して悪いことではないでしょう。しかし、ただ自分たちの幸せだけを祈るというのは、いわゆる「御利益信仰」のレベルです。いや、キリスト者は、個人としても共同体としても、真に神さまを賛美し、お仕えすることにおいて、より高い霊性に成長すべきだと思います。

祈りの本質は、主キリストがなさったように、天の父である神さまがわたしたち一人ひとりをこのうえなく愛してくださることを知ること、そして、その愛のまなざしのもとに自分を置いて、その愛をいっぱいに受けとめることではないでしょうか。もちろん祈りには、いつもそのように心が燃えるわけではないでしょう。ときには何の喜びも慰めも感じられず、心が荒《すさ》むこともあるでしょう。しかし、苦しいときにも、悲しいときにも、神さまの愛を疑わず、自分を差し出すことができたら、それこそがすばらしい祈りだと思います。

第二章　山上の説教

前章では、イエスが洗礼者ヨハネから洗礼を受けたできごとを見ました。そのあと、イエスは聖霊に導かれて、荒れ野に退いて祈ったと伝えられています（マコ1・12－13）。祈りの中で、父である神さまの御心を問い、それに従う力を願ったのでしょう。洗礼者ヨハネがヘロデ王によって捕らえられたとき、イエスはヨハネから独立して、宣教活動を開始しました。「時は満ち、神の国は近づいた。悔い改めて福音を信じなさい」（マコ1・15）という言葉は、イエスの宣教の内容を一言に要約しています。

次に、神の国の福音の内容を学ぶために、まず「山上の説教」として知られているイエスの教えを取りあげましょう。これはまた、福音書の理解の仕方を学ぶために、よいヒントを与えてくれます。

1 「山上の説教」の伝承と編集

イエスの行動と教えは、原始教会の中でさまざまな断片的な伝承として伝えられていました。マタイ福音書の著者は、その中からあるものを、五章から七章にわたって、一つの説教の形にまとめています（5・1－7・29）。当時は録音機もなく、速記した人もいなかったのですから、史実のイエスがこのような形で始めから終わりまで説教したのではありません。むしろいろいろな機会に話した言葉が断片的に言い伝えられ、書きとめられ、マタイによって説教として編集されたと考えられます。「イエスはこの群衆を見て、山に登られた……そこで、イエスは口を開き、教えられた」（5・1－2）という導入句で始められることから、俗に「山上の説教」と呼ばれています。ところが、ルカ福音書は同じ言葉を伝えても、これを違った文脈の中に置いていて、聖書学者たちは「平地の説教」と呼んでいます。「イエスは彼らと一緒に山から下りて、平らな所にお立ちになった」（6・17）という導入句で始まるからです。

マタイの伝える「山上の説教」とルカの伝える「平地の説教」から、幾つかの章句を取り出して比べてみることにしましょう。

「山上の説教」の冒頭には、次のように述べられています。

「心の貧しい人々は、幸いである、天の国はその人たちのものである。
悲しむ人々は、幸いである、その人たちは慰められる。
柔和な人々は、幸いである、その人たちは地を受け継ぐ。

義に飢え渇く人々は、幸いである、その人たちは満たされる。
憐れみ深い人々は、幸いである、その人たちは憐れみを受ける。
心の清い人々は、幸いである、その人たちは神を見る。
平和を実現する人々は、幸いである、その人たちは神の子と呼ばれる。
義のために迫害される人々は、幸いである、
天の国はその人たちのものである」(5・3−10)。

これに並行する箇所をルカの「平地の説教」から取りだしてみると、次のようです。


「貧しい人々は、幸いである、神の国はあなたがたのものである。

今飢えている人々は、幸いである、あなたがたは満たされる。

今泣いている人々は、幸いである、あなたがたは笑うようになる。

人々に憎まれるとき、また、人の子のために追い出され、ののしられ、汚名を着せられるとき、あなたがたは幸いである。

その日には、喜び踊りなさい。天には大きな報いがある。この人々の先祖も、預言者

たちに同じことをしたのである。
しかし、富んでいるあなたがたは、不幸である、
あなたがたはもう慰めを受けている。
今満腹している人々、あなたがたは、不幸である、
あなたがたは飢えるようになる。
今笑っている人々は、不幸である、あなたがたは悲しみ泣くようになる。
すべての人にほめられるとき、あなたがたは不幸である。
この人々の先祖も、偽預言者たちに同じことをしたのである」（6・20－26）。

両者を並べて比べてみると、違いは一目瞭然です。マタイが八つの幸いを語っているのに対して、ルカは四つの幸いとその逆の四つの不幸を語っています。かなり違った表現ですが、内容はほぼ同じで、どうやら元になった資料は同じだったのではないか、と推測されます。

マタイによる八つの幸い、もしくはルカによる四つの幸いと四つの不幸、いずれもさまざまな理由をあげて、神さまへの信仰を呼びかけています。自分がどれほど弱く、貧しい

者であるかを知り、すべてを神さまに仰ぐこと、たとえどのような逆境にあっても、ひたすら神さまの導きを信じて、それに従っていくこと、神さまは必ず正しくはからってくださること。

ちなみに、マタイでは「天の国」という言葉が使われますが、これは死んだあとにいくいわゆる「天国」のことではありません。「天」は神さまのことを指すユダヤ的な表現で、「天の国」は「神の国」のことです。そして「神の国」とは、地上の生活の真っただ中に打ち立てられる神さまの支配、神さまの慈しみが人の心と社会を統《す》べおさめ、神の民が互いの愛と平和に生きることを言います。

2 愛の掟

「山上の説教」から、もう一箇所を見ておきましょう。愛の掟として、次のように述べられています。

「あなたがたも聞いているとおり、『隣人を愛し、敵を憎め』と命じられている。しかし、わたしは言っておく。敵を愛し、自分を迫害する者のために祈りなさい。あなたがたの天の父の子となるためである。父は悪人にも善人にも太陽を昇らせ、正しい者にも正しくない者にも雨を降らせてくださるからである。

自分を愛してくれる人を愛したところで、あなたがたにどんな報いがあろうか。徴税人でも、同じことをしているではないか。自分の兄弟にだけ挨拶したところで、どんな優れたことをしたことになろうか。異邦人でさえ、同じことをしているではないか。だから、あなたがたの天の父が完全であられるように、あなたがたも完全な者となりなさい」（マタ5・43−48）。

これに並行する箇所をルカの「平地の説教」から取り出してみると、次のとおりです。

「しかし、わたしの言葉を聞いているあなたがたに言っておく。敵を愛し、あなたがたを憎む者に親切にしなさい。悪口を言う者に祝福を祈り、あなたがたを侮辱する者のために祈りなさい（中略）。

自分を愛してくれる人を愛したところで、あなたがたにどんな恵みがあろうか。罪人でも、愛してくれる人を愛している。また、自分によくしてくれる人に善いことをしたところで、どんな恵みがあろうか。罪人でも同じことをしている。返してもらうことを当てにして貸したところで、どんな恵みがあろうか。罪人さえ、同じものを返してもらおうとして、罪人に貸すのである。

しかし、あなたがたは敵を愛しなさい。人に善いことをし、何も当てにしないで貸しなさい。そうすれば、たくさんの報いがあり、いと高き方の子となる。いと高き方は、恩を知らない者にも悪人にも、情け深いからである。あなたがたの父が憐れみ深いように、あなたがたも憐れみ深い者となりなさい」（ルカ6・27－28、32－36）。

さて、マタイとルカの二つの福音書が互いによく似た表現、ときには文字通り同じ表現をしているのはなぜなのか、学者たちのあいだでさまざまに論じられていますが、一般的には「二資料説」と呼ばれる説明がいちばん納得いくものでしょう。つまり、紀元八〇年代にマタイとルカとが福音書を書いたとき、すでに七〇年頃にはマルコ福音書が書かれていて、二人はマルコを一つの資料として用いています。ところが、二人ともマルコにはないもう一つの資料を手にしていたのではないか、と推測されます。マルコには出てこないのに、二人ともあちこちで似たような内容と表現、ときには文字通り同じ言葉を述べているからです。かつて存在したであろうと推測されるこの資料は、ドイツ人の聖書学者たちによって、ドイツ語のQuelle―源泉という意味―の頭文字から「Q資料」と呼ばれていて、おもにイエスの教えを集めた語録として成文化されていたのではないか、と推測されています。

マルコ福音書やQ資料を用いながらも、マタイとルカが削除したり加筆したり、言い直したりしている箇所を見ますと、その違いを通してマタイの書き方や考え方の特徴と、ルカの書き方や考え方の特徴が浮き彫りになってきます。大雑把《おおざっぱ》に言うと、マタイがユダヤ教から改宗してキリスト者となった人々に向けて書いているのに対して、ルカは異邦人で改宗してキリスト者になった人々に向けて書いています。

マタイとルカの並行箇所を比較すると、史実のイエスが目の前にしていた弟子たちに語ったことは何だったかを、より正確に理解するための手がかりを見つけます。およそ福音書の現在の形になるまでの経緯として、①史実のイエス自身が語ったこと、②弟子たちの宣教によって原始の教会の中で伝えられたこと、③福音書の著者が編集し、書きとめたこと、の三つの層が区別されます。その区別を分析して、元の形①がどうであったかを、ある程度は推測することができます。

また、マタイとルカの福音書は、マルコとQ資料だけを資料にしているのではありません。その他にも、マタイだけが伝えている箇所、ルカだけが伝えている箇所があります。それらはマタイの教会に伝えられていた特殊資料、ルカの教会に伝えられていた特殊資料として、マタイとルカのそれぞれの福音書の特徴を伝えていて、興味深いものです。たとえば、「ぶどう園の労働者のたとえ」（マタ20・1－15）はマタイの特殊資料、「放蕩《ほうとう》息子のたとえ」（ルカ15・11－32）は、ルカの特殊資料を用いて書かれています。

さらにまた、マタイやルカがそれぞれの読者と、その置かれている状況に向けてイエスの教えを適用していることを知ると、今度はわたしたちが、今自分たちの置かれている状況の中でイエスの教えが告げているメッセージは何か、ということを考えることができます。

ところで、「わたしが来たのは律法や預言者を廃止するためだ、と思ってはならない。廃止するためではなく、完成するためである」（マタ5・17）という言葉を、どのように理解すればよいのでしょうか。

わたしたちが忘れてはならないのは、マタイ福音書がユダヤ教から改宗したキリスト者に向けて書かれている、ということです。だから、イエスの教えがユダヤ教の律法をさらに厳しく徹底させているというわけではありません。むしろイエスによってもたらされた天の父の限りない恵みを前提にして、キリスト者にはこれができる、ということが語られています。

たとえば、「敵を愛しなさい」（マタ5・44、ルカ6・27）、「だれかがあなたの右の頬を打つなら、左の頬をも向けなさい」（マタ5・39、ルカ6・29）という言葉をどのように受けとめたらよいのでしょうか。人によっては、「わたしにはとてもそんなことはできない」と思うかもしれません。いや、それはわたしたちが自分の力でそうしなければならないという、いわゆる「掟」ではなく、むしろ、イエス・キリストの救いのわざによってわたしたちが神の子とされたとき、わたしたちの中に働く恵みによって、それができるようになるという、喜びの知らせなのです。

3　神への信頼

さらに「山上の説教」から、神への信頼について述べられている箇所を見ておきましょう。

「空の鳥をよく見なさい。種も蒔かず、刈り入れもせず、倉に納めもしない。だが、あなたがたの天の父は鳥を養ってくださる。あなたがたは、鳥よりも価値あるものではないか。

あなたがたのうちだれが、思い悩んだからといって、寿命をわずかでも延ばすことができようか。

なぜ、衣服のことで思い悩むのか。野の花がどのように育つのか、注意して見なさい。働きもせず、紡ぎもしない。しかし、言っておく。栄華を極めたソロモンでさえ、この花の一つほどにも着飾ってはいなかった。今日は生えていて、明日は炉に投げ込まれる野の草でさえ、神はこのように装ってくださる。まして、あなたがたにはなおさらのことではないか、信仰の薄い者たちよ」（マタ6・26－30）。

これに並行する箇所として、ルカ福音書には、「平地の説教」とは別の文脈で、次のように述べられています。

「烏のことを考えてみなさい。種も蒔かず、刈り入れもせず、納屋も倉も持たない。だが、神は烏を養ってくださる。あなたがたは、鳥よりもどれほど価値があることか。あなたがたのうちのだれが、思い悩んだからといって、寿命をわずかでも延ばすことができようか。こんなごく小さな事さえできないのに、なぜ、ほかの事まで思い悩むのか。

野原の花がどのように育つかを考えてみなさい。働きもせず紡ぎもしない。しかし、言っておく。栄華を極めたソロモンでさえ、この花の一つほどにも着飾ってはいなかった。今日は野にあって、明日は炉に投げ込まれる草でさえ、神はこのように装ってくださる。まして、あなたがたにはなおさらのことである。信仰の薄い者たちよ」

（ルカ12・24－28）。

この箇所も、Q資料からくるものと推測されます。マタイでは「空の鳥」と述べられるのに、ルカでは「カラス」となっていますが、ルカの教会のあたりにはカラスがひんぱんに見られたのでしょうか。イエスのたとえにはガリラヤ湖畔の風物がしばしば用いられています。今でも聖地に巡礼にいきますと、ガリラヤ湖畔の「山上の説教の丘」と呼ばれる丘陵とあたりの田園には、道端に草花が咲き、灌木《かんぼく》では小鳥がさえずっています。イエスは、太陽の光をいっぱいに浴びて育つ草花を見て、これを神さまの恵みを受けて生きる人間にたとえたのでしょう。ソロモン王は、イスラエルの国が歴史の上でいちばん栄えた時代の王でした。大理石や金や銀に飾られた宮殿に住み、宝石を散りばめた美しい服を身にまとっていました。しかし、イエスはこのソロモン王の装いも、野の花の美しさに勝らないと言いました。このたとえでイエスが言いたかったのは、人間が一人ひとり、神さまによって、神さまに向けて造られているから、神さまの恵みに生かされるときに初めて真の意味で成長し、幸せになる、ということです。

逆に、神さま以外のものを求めて生きるときに、人間は悪の力に隷属させられてしまいます（マタ7・13－27参照）。したがって、福音書の中に裁きや罰などの厳しい言葉も散見されますが、それらはイエスが告げた神の国とその義をおろそかにする者への警告として理解すべきものでしょう。

暮らしの中で

人間の真の幸せ

このイエスが告げた福音は、現代の日本に生きるわたしたちにとっては、とくに大切なことではないでしょうか。というのも、現代人は自然科学や技術の発達によって、人間が世界を造り変えることができるかのように考えがちだからです。わたしたちの食べ物も、生活様式も、あるいは環境さえも、すべて人間の力によって変えられる、というような考え方がだんだんふつうになっています。そこから自分の人生の目的、自分の幸福、あるいは救いすら、自分の力で獲得できるし、獲得しなければならないのだ、という考え方がはびこっています。

ところが、自分の力によって人生の目的を達成しようとしたり、自分だけが富や地位を獲得しようとしたりすると、その結果、他の人を追い落としても自分がよい地位につこうとする競争心や弱肉強食の精神が生まれます。そして、互いの争いと妬みをもたらし、貧富の差がますます大きくなり、人間は互いの思いやりや助け合いを忘れてしまいます。しかし、イエスの教えによれば、神さまに向けて造られた人間にとっては、救いとは神さまのいのちにあずかることです。その神さまのいのちへの参与は、ひとえに恵みによるものです。この神さまの恵みに目覚め、これを感謝して受けとめるとき、初めて人間は幸せを見いだします。

山上の説教は、イエスの教えを力強く宣言していて、わたしたちキリスト者には生きるための指針を与えてくれます。「その福音的な生き方は美しくすばらしいけれど、実行は至難のわざ」と考えてしまう人もいるかもしれません。けれども、山上の説教は決してむずかしい「掟」を強いるものではなく、イエスの語った「喜びの知らせ」なのです。むしろ、キリストの掟とは、「わたしがあなたを愛したように、あなたがたも互いに愛し合いなさい」(ヨハ13・34)という言葉に尽きると思います。主キリストがわたしたちのためにいのちをささげてくださったことによって、わたしたちも神の子らとされたのです。弱いわたしたちにはすぐには達成できなくても、毎日キリストの愛をいただいて、それに向かって生きるときに、少しずつ福音的な生き方を実行できるようになるでしょう。

第三章　罪びとたちとの食事

前章では、イエスが宣教した「神の国」の福音が何であるかを、山上の説教を通して見ました。本章では、それをイエス自身の生きざまに確かめましょう。とくにイエスのなした罪びとたちとの食事が、そのユニークな人格と行動を物語っています。

1 徴税人たちと食事をともにする

共観福音書は、イエスが徴税人の一人を弟子として召しだしたこと、また徴税人たちと一緒に食事をしたことを伝えています。マルコによる福音書から読みましょう。

そして通りがかりに、アルファイの子レビが収税所に座っているのを見かけて、「わたしに従いなさい」と言われた。彼は立ち上がってイエスに従った。イエスがレビの家で食事の席に着いておられたときのことである。多くの徴税人や罪人《つみびと》もイエスや弟子たちと同席していた。実に大勢の人がいて、イエスに従っていたのである。ファリサイ派の律法学者は、イエスが罪人や徴税人と一緒に食事をされるのを見て、弟子たちに、「どうして彼は徴税人や罪人と一緒に食事をするのか」と言った。イエスはこれを聞いて言われた。「医者を必要とするのは、丈夫な人ではなく病人である。わたしが来たのは、正しい人を招くためではなく、罪人を招くためである」（マコ2・14－17）。

ローマ帝国の支配下にあった当時のユダヤ社会では、徴税人は税金を徴収するために、ローマ軍によって雇われたユダヤ人のグループでした。ところが、ユダヤ人は自分たちが神さまによって選ばれた神の民だと自負していましたから、他民族が自分たちを支配し、税金を取りたてること自体が神さまを冒瀆《ぼうとく》することと考えていました。ローマ皇帝に税を納めることは偶像礼拝に等しいことでした。

ちなみに、イエスの敵対者たちがイエスを罠《わな》にかけるために、「皇帝に税を納めることは律法に適《かな》っているか」という質問をしたのは、このような伝統によるものです。「律法に適っていない」と答えれば、ローマ軍に逆らうことになるし、「律法に適っている」と答えれば、ユダヤ人の信念を裏切ることになるからです。そのとき、イエスが「皇帝のものは皇帝に、神のものは神に返しなさい」と答えたというエピソードは、よく知られています（マコ12・13－17参照）。

そういうわけで、徴税人たちは、ユダヤ民衆にとっては売国奴であり、律法に背く罪びととして軽蔑されていました。また、ローマ軍の権力を傘に着て、あくどい仕方で税を取りたて、利ざやで自分たちの懐をこやしていました。だから民衆に嫌われ、彼らとの交際は忌むべきこととされていました。ユダヤのラビ（律法の教師）たちは、決して徴税人を弟子にすることはしませんでした。ところが、イエスは徴税人の一人を自分の弟子にしたのです。

それだけではありません。食事をともにするということは、ユダヤ世界では特別の意味をもっていました。旧約聖書にも見られるように、それは食卓を囲む親密な共同体のしるしであり（創31・46、54、イザ25・6参照）、神さまからいただいた恵みを互いに分かちあう、という宗教的な意味ももっていました（出18・12参照）。ですから、だれかと食事をともにすることは、その人と運命をともにするという、親しい交わりを表しました。後にキリスト者の共同体の中でさえ、ペトロが異邦人の改宗者たちと食事をともにすることをはばかったために、パウロから厳しくとがめられています（ガラ2・11－14参照）。それだけに、罪びとと食事をするということは、律法学者やファリサイ派のような熱心なユダヤ教徒には、とうてい考えられないことでした。だから、イエスが徴税人たちと一緒に食事をしたとき、ファリサイ派や律法学者は驚いて、「この人は罪人たちを迎えて、食事まで一緒にしている」（ルカ15・2）と批判しました。

福音書の他の箇所では、イエスの言葉として、「人の子が来て、飲み食いすると、『見ろ、大食漢で大酒飲みだ。徴税人や罪人の仲間だ』と言う」（ルカ7・34、マタ11・19）と伝えられています。歴史的・文献批評的な研究では、このようなイエスに対する口汚い悪口が福音書の中に出てくるのは、それだけ史実に近いと考えられています。福音書が書かれた当時は、キリスト者のあいだではイエスは神の子キリストとしてあがめられて、彼についての記述は美化されこそすれ、不名誉なことや都合の悪いことは省かれるのが自然だからです。

ともあれ、イエスが当時の人々の常識に逆らって、罪びとたちと一緒に食事をしたということは、疑うことのできない史実だと言ってよいでしょう。そこにイエスの人格と思想が明確に現れています。イエスはこのような行為を通して、天の父が罪びとたちの立ち返りを待っておられ、彼らがご自分の所に戻ってくるのを喜んで迎えてくださる、というメッセージを告げたのです。

イエスの生きざまは、神さまが罪びとたちをご自分のいのちの交わりに招いておられることを、身をもって語るものでした。そして、互いに赦《ゆる》しあい、神さまの恵みを分かちあう共同体が、神の国の目に見えるしるしであることを教えました。イエスのなした罪びとたちとの食事は、やがて実現する神の国を前もって指し示すものでした。

食事をともにする共同体は、イエスが死を前にして弟子たちと一緒にした別れの食事と、そこで制定した「主の晩餐」の儀式の背景となっています。そして、イエスの復活の後に弟子たちを中心として形成された「教会」の本質をなしています。これについては、改めて詳細に見ることにしましょう。

2　罪びとたちを招く

ところで、「わたしが来たのは、正しい人を招くためではなく、罪人を招くためである」（マコ2・17）という、逆説的な表現の意味を考えてみましょう。ここで言われる「正しい人」とは、自分を正しいと思いこんで、他を見下している人であり、他方、「罪びと」とは自分の罪深さを知って、神さまの憐れみを呼び求める人のことです。

それでは、「罪」とはいったい何でしょうか。

罪とは、神さまに向かって生きるはずの人間が、その神さまからの呼びかけを無視して、別のものに向かって生きることです。

この世界には、人間を神さまに背かせ、神さまへの道からそらせる力のようなものがあります。それは自分の善意や努力に先立って、自分を引きずり、神さまからの離反へと押し流す、いわば流れのようなものです。キリスト教の伝統では、これを「原罪」という概念で説明しました。原罪は、あたかも遺伝子のように人間の肉の中に巣くっている、罪への傾きです。これ自体は罪そのものではなく、むしろ罪への傾きなのですが、人間が自由な意志によって、この傾きに乗り、神さまから離反するときに、罪を犯します。

鋭い宗教的感覚をもっていた古代イスラエルの民は、このような人間の肉に巣くう罪への傾きを、アダムとエバの犯した罪という神話によって語りました（創世記3章参照）。しかし、現代ではむしろ原罪とは、人間が生まれたときから置かれている環境や社会に蓄積された罪の連帯性として説明してもよいでしょう。人間はこの世に生を受けたときから、周りの人の価値観や考え方を吸収して成長します。たとえば、現代の日本社会に蔓延《まんえん》している富や名誉への望み、出世欲や競争心、できるだけ少ない力でできるだけ効果をあげようとする能率主義や、業績によって人を評価する価値観などは、知らず知らず人間の考えや行為を縛っています。

　ユダヤ教の伝統では、神さまがモーセを通して守るべき掟（律法）を与えたのに対して、民がこれに違反して罪を犯し、その結果、さまざまな不幸な目に遭うことになったと信じられていました。

　律法を知っているか否かにかかわらず、すべての人間の罪を指摘しているのはパウロです。神さまによって造られた人間は、一人ひとりに与えられた良心で、神さまの意志を知ることができるにもかかわらず、それに背き、あらゆる不正な行いをもって神さまとの正しい交わりを失い、その結果、悪の支配に縛られています（ロマ1・18－32参照）。

　ともあれ、わたしたちはだれでも、この世の中で罪の現実というものを経験しているのではないでしょうか。戦争や暴力、貧富の差、人種や宗教による差別などは言うまでもありません。一人のまともな人間として真摯に生きようとするかぎり、あるべき自分に背反する自分自身の行いに気づきます。これをわたしたちは悪に縛られた状況として意識し、そこからの救いと解放を求めます。

　イエスは、罪びとが自分中心の生き方から回心し、神さまのもとに立ち返ることによって、悪の力から解放されるように呼びかけました。失われた羊を捜す羊飼いや、なくした銀貨を捜す女のたとえ（ルカ15・4－9）、また放蕩《ほうとう》息子の帰りを走り寄って迎えた父親のたとえ（ルカ15・11－32）をもって、父である神さまが罪びとの帰りを喜んで迎えてくださることを教えました。

もちろん、イエスの呼びかけに応えた人もいれば、応えなかった人もいました。自分の罪に気づき、神さまのもとに立ち返ろうと決心することは、やはり人間の意志だけによるのではなく、聖霊の促しが必要なのでしょう。ファリサイ派の人と徴税人のたとえは、これを語っています。

自分は正しい人間だとうぬぼれて、他人を見下している人々に対しても、イエスは次のたとえを話された。「二人の人が祈るために神殿に上った。一人はファリサイ派の人で、もう一人は徴税人だった。ファリサイ派の人は立って、心の中でこのように祈った。『神様、わたしはほかの人たちのように、奪い取る者、不正な者、姦通を犯す者でなく、また、この徴税人のような者でもないことを感謝します。わたしは週に二度断食し、全収入の十分の一を献げています。』ところが、徴税人は遠くに立って、目を天に上げようともせず、胸を打ちながら言った。『神様、罪人のわたしを憐れんでください。』言っておくが、義とされて家に帰ったのは、この人であって、あのファリサイ派の人ではない。だれでも高ぶる者は低くされ、へりくだる者は高められる」（ルカ18・9－14）。

「義とされた」という言葉は、「神さまの御心にかなった」、「神さまが喜ばれた」ということです。これはイエスの語ったたとえですが、この徴税人が自分の罪深さを自覚したのは、自分自身の生き方をふりかえってみて、心の中の良心の声に耳を傾けたからでしょう。言い換えれば、心の中に働きかける神さまの働き、聖霊に自分自身を明け渡したからでしょう。こうして、この人は神さまの憐れみを呼び求めました。けれども、いつも律法をきちんと守ってきたファリサイ派の人は、自分の正しさを自負するあまり、聖霊の働きかけに心を閉ざしてしまいました。

イエスと出会った多くの人は、その人柄に触れ、その教えに耳を傾けたときに、聖霊の促しを受けて、回心することができました。それでも中には、ファリサイ派のように、自分自身の生き方に固執するあまり、心を開くことができなかった人たちもいました。

禅の言葉で「啐啄《そったく》同時」と言われますが、鶏が卵をかえすとき、その時がくると、卵の中のヒヨコは自分の力だけでは殻を破って出てくることができず、殻の中からコツコツ叩いて、それを聞いた親鳥が外からつついて殻を破るのを手伝ってやります。同じように、人間が神さまを求める心と、神さまからの呼びかけは同時に起こります。人間の自由と神さまの恵みとのあいだの神秘です。

暮らしの中で

現代人の罪の意識

ときどき「罪がぴんとこない」と言う人がいます。キリスト教の教会にいくと、「わたしたちの犯した罪を認めましょう」とくりかえし言われるけれど、自分はそこそこの生活をしていて、これといって悪いことをしているとは思わない、というわけです。カトリック教会で近年「ゆるしの秘跡」を受ける人が少なくなっている現象も、同様に、現代人に罪の意識が薄いことが原因かもしれません。

しかし、神さまの前で自分の罪を認めるとは、神さまからどれほどたくさんの愛をいただいているかを知るときに、それに十分にお応えしていない自分に気づくことです。

イエスの時代のユダヤ人たちにとっては、宗教と社会とが密接に結びついていました。人々は皆、創造主である神さまを信じていましたし、その神さまが自分たちを特別に選び、ご自分の愛する民として導いてくださっている、ということを感じていました。そのような深い信仰があるときにのみ、人は神さまの前で自分の罪深さを知ります。つまり、自分が神さまの特別な愛を受けていながら、その愛に応えていないこと、その愛と導きに従わずに、自分の欲望のままに生きていることに気づきます。罪の意識は、そこから生まれてきます。

教会の歴史の中で、聖人たちは自分こそ最大の罪びとと自覚していました。その罪意識は、倫理的な掟を破ったということではなく、神さまの愛にお応えしていない自分を知ることからくるのです。

だから、現代人が罪の意識をあまりもっていないということは、決してよいこととは言えません。それだけ、神さまと向きあっていないこと、神さまの前で自分自身を知ることを怠っていることのしるしだからです。社会が世俗化して、他人を傷つけるとか、社会の秩序を壊すということは罪として認めても、神さまの前で一人ひとりが犯す罪ということは、あまり意識されないのでしょう。けれども、人間は神さまなしでは決して幸せにはなりません。神さまに向かって生きるときにのみ、初めて真の生き方をして、そこに本当の喜びというものを見いだすからです。

キリスト者は現代世界の中で、自分の生き方を通して、イエスの告げた福音を人々に証する使命があります。それは、忙しく仕事にたずさわる日々の生活の中でも、ときおり心をあげ、神さまのまなざしのもとに自分を置く、という生き方です。そして、神さまが日々どれほど多くの恵みを注いでくださっているかを知るとき、これに対して自分が十分にお応えしていないことに気づかされます。自分が罪びとであるにもかかわらず、神さまの憐れみと愛によって生かされていることに気づくこと、これが信仰の始まりではないでしょうか。

第四章　力のわざ

イエスの「神の国」の福音を歴史的・文献批評的な見方をもって学ぼうとするとき、イエスが宣教活動の中で行ったとされる数々の「力のわざ」をどのように理解すべきなのでしょうか。これを現代人にどのように説明すればよいのでしょうか。本章では、これについて考えてみましょう。

1 病人の癒やし

福音書には、イエスが目の見えない人、耳の聞こえない人、足の不自由な人など、さまざまな病を患っている人を癒やしたことが、主として物語の形式で伝えられています。幾つかの例を取りあげて、それらをどのように理解すべきかを学ぶことにしましょう。

数日後、イエスが再びカファルナウムに来られると、家におられることが知れ渡り、大勢の人が集まったので、戸口の辺りまですきまもないほどになった。イエスが御言葉を語っておられると、四人の男が中風の人を運んで来た。しかし、群衆に阻まれて、イエスのもとに連れて行くことができなかったので、イエスがおられる辺りの屋根をはがして穴をあけ、病人の寝ている床をつり降ろした。イエスはその人たちの信仰を見て、中風の人に、「子よ、あなたの罪は赦《ゆる》される」と言われた。

ところが、そこに律法学者が数人座っていて、心の中であれこれと考えた。「この人は、なぜこういうことを口にするのか。神を冒瀆《ぼうとく》している。神おひとりのほかに、いったいだれが、罪を赦すことができるだろうか。」イエスは、彼らが心の中で考えていることを、御自分の霊の力ですぐに知って言われた。「なぜ、そんな考えを心に抱くのか。中風の人に『あなたの罪は赦される』と言うのと、『起きて、床を担いで歩け』と言うのと、どちらが易しいか。人の子が地上で罪を赦す権威を持っていることを知らせよう。」

そして、中風の人に言われた。「わたしはあなたに言う。起き上がり、床を担いで家に帰りなさい。」その人は起き上がり、すぐに床を担いで、皆の見ている前を出て行った。人々は皆驚き、「このようなことは、今まで見たことがない」と言って、神を賛美した（マコ2・1－12）。

とても生き生きとした描写で、イエスの力のわざのいきさつを伝えている「奇跡物語」

の一つです。日常で「物語」と聞くと、わたしたちはだれかが作った架空の話であるかのように思いがちですが、ここで言う「物語」は「語って聴かせる」というタイプの文学類型のことです。およそわたしたちが日頃手にする新聞とか雑誌とか書物とかには、報道のような記述もあれば、論文のような記述もあれば、詩のような記述もあり、それぞれ違った類型にのっとって書かれています。聖書の中で「物語」と呼ばれるのは、信仰者が信仰を伝えるために、わかりやすく、興味深く、目の前にいる聞き手を相手に語って聴かせた、そのような類型による叙述のことです。イエスの「幼年期物語」や「受難物語」や「復活の主の出現物語」なども、その類型に属しています。

物語は、わたしたちの時代の報道のような、できるだけ事実の正確さを期した客観的な叙述とは違って、聞き手が興味深く聴いて、そこから自分にとって具体的な教訓を得て、長く記憶にとどめる、という特徴があります。その際、語り手は聞き手の状況に合わせて、さまざまに脚色することもあります。

奇跡物語では、もちろんイエスのなした力のわざの事実が核になっているのですが、史実そのものよりも、むしろそこで語られるメッセージが大切です。いちばん元になった物語の語り手も、それを次々に語り継いだ人々も、自分の聞き手の身分、置かれている状況、その抱えている疑問や願望などに応じて、物語に手を加えるのが常です。

一般的には、奇跡物語は大雑把《おおざっぱ》に次のようなパターンによって語られています。①病を患っている人の救いなき状況、②イエスとの出会いとイエスの言葉（神さまの創造の言葉に匹敵する）によってもたらされる癒やし、③それを見た人々の驚嘆や賛美。

先に引用した例では、①中風の人が四人の友人によって連れてこられるが、群衆に阻まれて近づけない。②屋根に穴を開けて釣り下ろすまでして病人をイエスに会わせると（物語のまん中に律法学者との論争が挿入されていますが、これは物語のバリエーション）、イエスがその人に「起き上がり、床を担いで家に帰りなさい」と言う。③中風の人が癒やされ、人々が驚き、神を賛美する。

さまざまなバリエーションがありますが、奇跡物語はだいたいこのようなパターンによって語られている、と言ってよいと思います。

大切なことは、この物語が告げようとしているメッセージです。中風の人は、悪の力によってがんじがらめにされている人間の状況を表しています。イエスの言葉によって、悪の力が打ち破られ、この人は解放されます。イエスの力のわざは、神の国が到来したことのしるし、すなわち、神さまの愛が人々に救いと解放をもたらすことを目に見える形で表すてきごとでした。

忘れてはならないのは、そこでイエスが「その人たちの信仰を見て」この人を癒やしたということです。その他の癒やしの物語でも、病や障害に苦しむ人、もしくはその親族や友人たちの信仰に言及されています（マコ5・34、36、9・24、10・52）。逆に、不信仰の人々を前にすると、イエスも力あるわざをなすことができません（マコ6・5）。

その際に、信仰とはイエスを自分の救い主として信じること、イエスを通して神さまが自分の救いのために働いてくださることを信じることとです。

この中風の人の癒やしでは、イエスの力あるわざに協力した人々の信仰も忘れないようにしましょう。四人の友人たちが中風の人をイエスのもとに連れていったように、わたしたちも互いに助けあい、救いを求めている人をイエスのもとに連れていくことが求められているのではないでしょうか。

2　悪霊の追放

福音書の中で、イエスが病を患っている人を癒やした物語と同様に、ひんぱんに語られるのが悪霊の追放の物語です。当時の人々は、病気や障害は悪霊の仕業によると考えていましたから、病の癒やしと悪霊の追放は、本質的に同じことであって、明確には区別できません。一つの例を見ておきましょう。

そのとき、この会堂に汚れた霊に取りつかれた男がいて叫んだ。「ナザレのイエス、かまわないでくれ。我々を滅ぼしに来たのか。正体は分かっている。神の聖者だ。」イエスが、「黙れ。この人から出て行け」とお叱りになると、汚れた霊はその人にけいれんを起こさせ、大声をあげて出て行った。人々は皆驚いて、論じ合った。「これはいったいどういうことなのだ。権威ある新しい教えだ。この人が汚れた霊に命じると、その言うことを聴く」（マコ1・23－27）。

この物語も、病人の癒やしと同じように、①イエスを見た悪霊につかれた男が叫びたてる、②イエスが悪霊をしかりつける、③人々が驚嘆する、というパターンで語られています。とくに精神的な病の場合を描く物語では、悪霊が擬人化され、イエスと問答するように描かれています。

マタイとルカの福音書では、「わたしが神の霊で悪霊を追い出しているのであれば、神の国はあなたたちのところに来ているのだ」（マタ12・28、ルカ11・20）というイエスの言葉が伝えられています。これは、Q資料に基づく言葉でしょう。ここで言われているように、悪霊の追放はイエスを通して悪の力が打ち破られ、神の国が始まっていることの目に見えるしるしです。

悪霊の追放の物語では、人間から追い出された悪霊が豚に乗り移る話のように（マコ5・11－16と並行箇所）、民間に言い伝えられた説話の話法を取り入れて、悪の力とのすさまじい戦いのありさまを描くものもあります。物語を聞く人々にとっては、忘れることのできない、強い印象を与える効果があります。

イエスが実際に悪霊を追い出したことは、Q資料に基づく敵対者の言葉「あの男は悪霊の頭ベルゼブルの力で悪霊を追い出している」（ルカ11・15、マタ9・34）、またマルコが伝える敵対者の言葉「悪霊の頭の力で悪霊を追い出している」（3・22）などからも、疑うことのできない史実だと言えるでしょう。そしてイエスのなした悪霊の追放は、神の国の到来を告げるものです。神さまの支配は、まさに悪の力に打ち勝ち、これを駆逐するものだからです。

3　嵐を静めるなどの「自然奇跡」

イエスの奇跡物語には、病気の治癒や悪霊の追放の他に、「自然奇跡」と呼ばれるものもあります。イエスが嵐を静めたり、水の上を歩いたり、大漁をもたらしたり、パンを増やした、などがそれです。一つの例を取りあげてみましょう。

その日の夕方になって、イエスは、「向こう岸に渡ろう」と弟子たちに言われた。そこで、弟子たちは群衆を後に残し、イエスを舟に乗せたまま漕ぎ出した。ほかの舟も一緒であった。激しい突風が起こり、舟は波をかぶって、水浸しになるほどであった。しかし、イエスは艫《とも》の方で枕をして眠っておられた。弟子たちはイエスを起こして、「先生、わたしたちがおぼれてもかまわないのですか」と言った。イエスは起き上がって、風を叱り、湖に、「黙れ。静まれ」と言われた。すると、風はやみ、すっかり凪《なぎ》になった。イエスは言われた。「なぜ怖がるのか。まだ信じないのか。」弟子たちは非常に恐れて、「いったい、この方はどなたなのだろう。風や湖さえも従うではないか」と互いに言った（マコ4・35－41）。

自然奇跡の言い伝えは、病人の癒やしや悪霊の追放の物語に比べて、原始の教会の中でかなり後になって発展した物語で、たぶんに神学的なメッセージによって彩《いろど》られています。はたして叙述されたとおりのできごとであったかは、よくわかりません。ただ、何らかの史実の核があったことは確かでしょう。たとえば、嵐の海を静めた話に関しては、イエスがしばしば弟子たちと舟でガリラヤ湖を渡ったこと、ガリラヤ湖は山に囲まれていて、今でもとつぜんに突風が吹き、波が高くなります。イエスが弟子たちと小舟で湖を渡ろうとしたとき、嵐に襲われたことがあったことなどは史実でしょう。

ブルトマンという学者は、イエスがそういうときに弟子たちと一緒になって、帆をたたんだり、浸水した水をかきだしたり、かいがいしく働いて、皆が無事に目的地にたどりついた経験などが、元にあったのかもしれない、と言っています。その核にある史実が何であるかは、ほとんど知ることができません。

詩編には、神さまが天と地の支配者であることをたたえて、「苦難の中から主に助けを求めて叫ぶと、主は彼らを苦しみから導き出された。主は嵐に働きかけて沈黙させられたので、波はおさまった」(107・28－29)と歌っています。この物語は、この全能の神さまが主イエスにおいて働いておられることを語っています。

ちなみに、すでに原始教会では、海は世界を示すシンボル、舟は教会を示すシンボルとして用いられました。復活の主キリストはいつも教会とともにおられること、教会はたとえ迫害や試練の中で、嵐の海の小舟のような危機的な状況にあったとしても、決して滅びることはないこと、それが原始教会の人々の信仰でした。

そもそも新約聖書は、復活の主と出会った弟子たちがその信仰を証言し、その証言が言い伝えられ、書きとめられ、編集されたものです。そのすべてが復活の主への信仰によって担われています。とくに自然奇跡の物語は、復活の主への信仰と切り離されては理解できないものです。

たとえば、ペトロが経験する不思議な大漁は、一つはルカにおいてペトロの最初の召しだしの話として伝えられ(ルカ5・1－11)、一つは復活後の主の出現物語として伝えられています(ヨハ21・1－14)。聖書学者たちは、この双方の物語が元は同一の伝承であったと考えています。

水の上を歩くイエスの物語も、嵐を静めた物語から派生したと考えられます。そして、復活の主の出現の物語として読めば、教会とともにあり、導いてくださる主イエス・キリストの力強いメッセージをそこに読み取ることができるのではないでしょうか。

こう言う私自身は、子どものときからのカトリック信者で、聖書に描かれる奇跡の物語を何の抵抗もなく受けいれています。もしイエスの復活というできごとを本当に信じるなら、それに勝る「奇跡」はないでしょう。そして、わたしたちが信仰の目をもって見るならば、神さまはいろいろな機会に、主イエスが今もわたしたちとともにいてくださるというしるしを与えてくださっています。

4 今日の奇跡信仰

今日でも、キリスト教の内外で奇跡の話が取り沙汰されることがありますが、これに対しては、賢明な識別が求められます。イエスの力あるわざに見たように、それは不信仰の人にも信仰を強要するような「証拠」のように考えてはなりません。俗に「奇跡」というと、神さまが自然法則に介入され、自然的には説明できない超常現象をなさることのように考えがちです。しかし、神さまを、わたしたちが経験する自然界の原因と結果の一つにおとしめてはなりません。

人は昔も今も、とくに自分の日常生活が順調にいかないときに、そこから逃れようとするからでしょうか、とかく超常現象を求める傾向があるようです。しかし、「先生、しるしを見せてください」と言って迫った人々に対して、イエスは「よこしまで神に背いた時代の者たちはしるしを欲しがるが、預言者ヨナのしるしのほかには、しるしは与えられない」（マタ12・38－39）と答えました。しばしば奇跡を求める信心には神さまのはからいを自分でコントロールしようとする浅はかな欲求、もしくは不信仰が潜んでいることに注意しなければなりません。


第二バチカン公会議前後の指導的な神学者であったカール・ラーナー（一九八四年没）が言うように、それは日常生活に経験する「しるし」であって、信仰者にのみ理解できる神さまからの呼びかけです。信仰者は幾つかのできごとの連鎖の中に、信仰の目をもって自分に対する特別な神さまの呼びかけを感じ取るとき、これを「奇跡」と呼ぶのです。

たとえば、ある子どもが楽しみにしている遠足のために、「明日はいい天気にしてください」と神さまにお祈りするとします。翌日、よいお天気に恵まれると、この子は「神さまがお祈りを聞きいれてくださった」と考えて、喜びます。それは、自然科学の立場から言えば、たまたま高気圧が張り出してきて天気が回復したと説明できるし、別に超常現象というわけではありません。それでも、この子にとっては、神さまが祈りを聞き入れてくださったのです。

暮らしの中で

ルルドの癒やし

現代でも不思議な奇跡として知られているのは、フランスのルルドです。十九世紀の半ば、ピレネー山脈の小村ルルドにある洞窟で、少女ベルナデッタに聖母マリアが出現したと伝えられています。そこからあふれでる泉に身を浸すことで、多くの病人が癒やされ、しだいに世界から病人たちが癒やしを求めてくる巡礼地となりました。

わたしは中学三年のときに聞いた話を、今でも忘れません。通っていたカトリックの学校で、ある日ペドロ・アルペ神父という人が招かれてきて、信者の生徒に向けて講話をしてくれました。彼は、広島に原爆が投下されたとき、被爆した多くの人々を郊外のイエズス会修練院に受けいれて助けた人です。それができたのは、彼がイエズス会に入会する前に、医者になろうとして、スペインの大学の医学部で勉強していたからです。

アルペ神父の話によると、初めは奇跡など信じていなかった彼は、勉強の最後の年に、研修医としてルルドにある病院に送られました。そのとき担架で運ばれてきた一人の脊髄カリエス末期の患者が、ルルドの水を浴びて癒やされたのを目の当たりにしました。医学的には手のほどこしようもない重症の病人を診断し、翌日まったく癒やされているのを確認した医学生アルペは、神さまの働きに衝撃を受けて、大学に帰って、自分が奇跡を目撃したと主張しました。大学の無神論的な医学部では、その発言に大騒ぎになったそうです。

彼はそのとき、医者になる道を捨てて、神さまにお仕えしようと決心し、イエズス会に入会し、ついには宣教師として日本に派遣されました。アルペ神父は、わたしが二十歳でイエズス会に入会したときに受けいれてくれたイエズス会の日本管区長でした。

わたしはイエズス会の修練院に入る直前に、管区長のアルペ神父に面会したとき、「修練院には何をもっていったらよいですか」と尋ねました。彼が笑って答えたのは、「何もいりません。ただトランクいっぱいに熱心をつめてもっていってください」という言葉でした。

第五章　イエスの祈り

イエスの「神の国」の福音を、歴史的・文献批評的な観点から学ぼうと努めるとき、福音書にしばしば言及されているイエスの祈る姿が、「神の国」の核心をなしていることに気づかされます。本章ではこれに注目して、宣教活動の中でイエスがどのように祈ったか、またどのように祈るように弟子たちに教えたか、を見ることにしましょう。

1　祈るイエスの姿

福音書を注意深く読むと、あちこちにイエスの祈る姿が描かれています。マルコ福音書を中心に見ていきましょう。まず洗礼者ヨハネから洗礼を受けたとき、イエスは水から上がって、神さまとの深い一致を体験し、最愛の子として愛されていることを知ります(1・9－11)。ルカによる並行箇所(3・21)では、「祈っておられると」と付記されています。洗礼を受けた後、イエスは聖霊に導かれて荒れ野にいき、四十日の祈りの生活をします(マコ1・12－13)。おそらくは、自分が何をすべきなのかを神さまに問い、それを行う力を願ったのでしょう。その後、ガリラヤ地方で宣教活動を始めました(マコ1・14)。まずカファルナウムの会堂で教え、おそらくペトロの家を拠点に説教し、病人を癒やしていましたが、そのあいだも、朝早く一人で人里離れた所に出ていき、祈っていたことが、次のように伝えられています。

朝早くまだ暗いうちに、イエスは起きて、人里離れた所へ出て行き、そこで祈っておられた。シモンとその仲間はイエスの後を追い、見つけると、「みんなが捜しています」と言った。イエスは言われた。「近くのほかの町や村へ行こう。そこでも、わたしは宣教する。そのためにわたしは出て来たのである。」そして、ガリラヤ中の会堂に行き、宣教し、悪霊を追い出された（マコ1・35－39）。

たぶん弟子たちが一緒に寝泊まりして、質素で狭い住居にざこね生活をしていたのでしょう。弟子たちとは夜遅くまで、いろいろ話しあったことでしょう。しかし、朝早く、弟子たちが目を覚ますと、イエスの姿がありません。イエスは、まだ暗いうちに起きて、静かな所に出ていって、「そこで祈っておられた」と述べられています。弟子たちが捜して、見つけると、イエスは「近くのほかの町や村へ行こう。そこでも、わたしは宣教する。そのためにわたしは出て来たのである」と言います。イエスが何を祈っていたのかを語る言葉です。天の父の前で、その御心が何であるか、自分は何をすべきかを考えて、ほかの町や村にも行こうと決心します。もちろん福音記者の描写ですが、イエスは宣教活動のあいだに絶えず祈り、自分のすべきこと、行くべき所を天の父との交わりの中で考えていました。

また、イエスが何度も山に登った話が出てきますが、山は神さまとの出会いの場所でした。祈りの中で腹心の弟子十二人を選んだことが記されています（マコ3・13－19）。ルカの並行箇所では「祈るために山に行き、神に祈って夜を明かされた」（6・12）と追記されています。「十二」という数は、イスラエルの十二部族を象徴するもので、十二人の選びは新しい神の民をおこすために重要なことでした。

また、力のわざを行う際に、イエスはしばしば天を仰いだと伝えられています（マコ6・41、7・34など）。それは、自分をお遣わしになった父である神さまに賛美と感謝をささげ、自分を通して神さまの力が現れでるように、神さまからの聖霊を願ったのでしょう。

2　イエスの肉声「アッバ」

ここで特筆すべきことは、イエスがどのような言葉で天の父に祈ったか、ということです。福音書はイエスの教えや行いが何十年も言い伝えられて、福音書の著者によって編集され、文書化されたものですから、イエスの語った言葉として伝えられているものであっても、そのすべてが文字通りイエスの肉声とは限りません。さまざまな歴史的・文献批評的な研究を通して、確かに史実のイエスが用いたに違いないと推測できる言葉を確認しようと努めるのですが、それは多くはありません。しかし、これだけは疑いなくイエス自身の口になる肉声だった、と断言できる一つの言葉があります。福音書の中では一箇所だけですが、マルコ福音書の伝えるゲッセマネの園で祈った場面に出てきます。

一同がゲッセマネという所に来ると、イエスは弟子たちに、「わたしが祈っているあいだ、ここに座っていなさい」と言われた。そして、ペトロ、ヤコブ、ヨハネを伴われたが、イエスはひどく恐れてもだえ始め、彼らに言われた。「わたしは死ぬばかりに悲しい。ここを離れず、目を覚ましていなさい。」少し進んで行って地面にひれ伏し、できることなら、この苦しみの時が自分から過ぎ去るようにと祈り、こう言われた。「アッバ、父よ、あなたは何でもおできになります。この杯をわたしから取りのけてください。しかし、わたしが願うことではなく、御心に適うことが行われますように」（マコ14・32－36）。

ここで「アッバ」というアラマイ語の言葉が出てきます。それは、小さい子どもが自分の父親を呼ぶときの幼児語で、日本語なら「おとうさん」とか「パパ」とかいう言葉にあたるでしょう。当時のユダヤ教では、神さまに向かってそのような馴《な》れなれしい呼び方をすることは、ありませんでした。ユダヤ教の伝統では、神さまを呼ぶのに、「天におられる方」とか、「力ある方」とか、さまざまな神さまを敬う枕詞《まくらことば》のようなものをつけるのがふつうでした。だから、イエスが「アッバ」という言葉で神さまに呼びかけ、またそのように祈るように弟子たちにも教えたことは、ユニークなイエスの祈り方として弟子たちの記憶に残ったのでしょう。新約聖書がギリシア語で書かれたときも、「アッバ」は翻訳されることなく、そのままギリシア語の「父」という言葉（パテール patēr、呼格はパテル pater）と並べて記されました。

この言葉は、マルコ福音書よりも十五年近くも前に書かれたパウロの手紙の中にも引用されています。

あなたがたは、人を奴隷として再び恐れに陥れる霊ではなく、神の子とする霊を受けたのです。この霊によってわたしたちは、「アッバ、父よ」と呼ぶのです（ロマ8・15）。

あなたがたが子であることは、神が、「アッバ、父よ」と叫ぶ御子の霊を、わたしたちの心に送ってくださった事実から分かります（ガラテヤ4・6）。

イエスが天の父に向かって、「アッバ」と呼びかけたことは、どれほど親しく、信頼と愛をこめて神さまとかかわっていたかを示しています。それは、「神の国」のどのような宣教よりも雄弁に、わたしたちの救いが何であるかを語ってくれています。神さまはやさしいお父さんのように、わたしたち一人ひとりを見守り、ご自分のいのちの交わりへと導いてくださる方です。

3　イエスの教えた「主の祈り」

ありがたいことに、弟子たちがどのように神さまに祈ったらよいかをイエスに質問し、イエスが彼らに教えたとされる「主の祈り」がマタイとルカの福音書に伝えられています。この祈りは、現代に至るまで、あらゆるキリスト教会で大切にされ、たとえ翻訳が違っていたとしても、一緒に唱えることのできる祈りです。また、「主の祈り」は神の国の福音を短く要約するものでもあり、キリスト者の毎日の信仰生活の規範とされています。

教会に伝えられている「主の祈り」は、主としてマタイ福音書の伝える伝承によりますが、その意味をよりよく知るために、ルカのそれと並べて、比べてみましょう。

マタ6・9－13	ルカ11・2－4
天におられるわたしたちの父よ、 御名が崇《あが》められますように。 御国が来ますように。	父よ、 御名が崇められますように。 御国が来ますように。

御心が行われますように、天におけるように地の上にも。

わたしたちに必要な糧を今日与えてください。

わたしたちの負い目を赦《ゆる》してください、わたしたちも自分に負い目のある人を赦しましたように。

わたしたちを誘惑に遭わせず、悪い者から救ってください。


わたしたちに必要な糧を毎日与えてください。

わたしたちの罪を赦してください、わたしたちも自分に負い目のある人を皆赦しますから。

わたしたちを誘惑に遭わせないでください。


一見してわかるように、同じ言葉もしくは意味内容を共有しながらも、ルカの伝える伝承の方が短く、マタイのそれにある幾つかの章句がありません。史実のイエスが弟子に教えたであろう原初の形は正確には知ることができませんが、どちらかと言えば、ルカの伝承の方がそれに近いと推測されます。なぜなら、原始の教会でも皆に大切にされていた「主の祈り」から、その章句を省くことは慎《つつし》まれたに違いないからです。また、マタイの伝える伝承に明らかなように、マタイはユダヤ教に伝わる祈りの伝統から、幾つかの用語を付け加えています。それは、いわば大切な絵を飾るときに使う額縁のようなものでしょうか。

このことは、まず冒頭の、神さまへの呼びかけに顕著です。マタイの伝える伝承では、ギリシア語の原文の順序をそのまま日本語に置き換えると、「父よ、わたしたちの、天におられる」となります。ルカでは、ただ「父よ」の一言です。おそらくイエスの教えた元の形は、ただ「父よ」であり、これにマタイが二つの修飾語、「わたしたちの」と「天におられる」(これは神さまであることを語る修飾語)を付け加えたと推測されます。そして、この「父よ」という呼びかけも、イエスの使ったアラマイ語では、「アッバ」だったのではないでしょうか。

マタイでもルカでも、「御名が崇められますように」という言葉が、第一の祈りとして出てきます。現行のカトリック教会と聖公会の用いている「主の祈り」では、「御名が聖とされますように」と邦訳されていますが、これは原文のギリシア語の「聖化する」という言葉(ハギアゾー hagiazô の受け身の命令形)からの直訳です。神さまは御自身が聖なる方であり、尊い方ですから、むしろ世界中の人々が、神さまを聖なる尊い方として認め、感謝し、讃《たた》えるようになりますように、との意味でしょう。かつての文語体の「主の祈り」では、「願わくは御名のとうとまれんことを」と言われていました。

マタイの伝える伝承にある「御心が行われますように、天におけるように地の上にも」と、末尾の「悪い者から救ってください」は、ルカの伝える伝承にはありませんが、なくても全体の意味は変わりません。

現在、キリスト教の諸教会で使われている「主の祈り」は、マタイの伝える伝承を使い、一箇所だけルカの伝える伝承で置き換えています。それは、「わたしたちの罪を赦してください、わたしたちも自分に負い目のある人を皆赦しますから」という部分です。マタイの伝承では、「わたしたちも自分に負い目のある人を赦しましたように」と、過去形で言われていることから、あたかもわたしたちが人を赦したことの報いとして神さまの赦しを願うかのように誤解されるかもしれないので、後の教会ではルカの伝承の現在形の表現を採用したのでしょう。いずれにせよ、わたしたちが人を赦すことができるのは、自分の力によるのではなく、神さまの赦しをいただいて初めて人を赦すことができるようになる、ということを忘れてはなりません。

暮らしの中で

日々の祈り

祈るイエスの姿は、わたしたちキリスト者にとって、とても大切なことを教えています。それは、日々の祈りです。祈りは信仰にとって、いわば呼吸のようなものです。祈りがないと、信仰は育ちません。どんなに主の福音を自分の生き方の指針として受けいれても、祈りがないと続きません。どんなに主キリストに従って生きようと決心していても、祈りを怠ると、いつのまにか方向を違えてしまいます。

毎日、仕事や子育てや家事などで忙しく、長い祈りの時間を取ることができない人でも、朝、目覚めたときには十字を切って、「今日一日をおささげします。お導きください」と、心の中で祈ることはできるでしょう。そして夜、床につくときには、「今日一日を感謝します。十分に御心にそえなかったことをお赦しください」と祈ることは、そんなに時間を取りません。短い祈りでも、毎日欠かさずに祈ることが大切です。

そして、日中も、何か大切なことを決めるときや、大切な仕事に取りかかるとき、ほんのわずかな時間でも神さまに心をあげて、「御心にかなうことを教えください」、あるいは「これを果たせるように力をお与えください」と祈るとよいと思います。それが毎日の習慣になれば、キリスト者としての生き方がずっと深められるでしょう。

もし一日のあいだに時間が取れるなら、聖書を開いて読むことは有益です。聖書の数行でも読んで、そこにどのようなメッセージが自分にあてられているかを思いめぐらすのです。これは「黙想」と呼ばれる、一つのすばらしい祈りの仕方です。カトリック教会では、全世界に共通に毎日のミサの朗読が定められています。日曜日に配布されている「聖書と典礼」の小冊子にも記されていますから、これを参考にするのもよいでしょう。毎日の聖書箇所を読めば、世界の教会の祈りに加わることができます。

グループで一緒に祈るときには、「主の祈り」を唱えるとよいと思います。キリスト者の家庭では、必ず子どもたちに「主の祈り」を教えます。また、初めてキリスト教の勉強をする求道者には、まず「主の祈り」を紹介して、勉強の始めに一緒に祈ると大きな助けになります。「主の祈り」は短くても、福音の全体を要約しているような祈りだからです。

「主の祈り」の内容は、全世界のキリスト教の教会で共通ですが、それぞれの国語に翻訳されるときに、言葉が違ってくるのはやむをえないでしょう。しかし、同じ国でも教派によって翻訳が異なるのは残念なことです。やがて、すべての教派で翻訳が統一されて、すべてのキリスト者が一緒に「主の祈り」を唱えることができるといいですね。

現在、カトリック教会と聖公会とで共通して唱えている「主の祈り」は次のとおりです。

「天におられるわたしたちの父よ、
み名が聖とされますように。
み国がきますように。
み心が天に行われるとおり、地にも行われますように。

わたしたちの日ごとの糧を、今日もお与えください。
わたしたちの罪をお赦しください、わたしたちも人を赦します。
わたしたちを誘惑に陥らせず、
悪からお救いください。アーメン。」

祈りの最後に唱える「アーメン」という言葉は、元はヘブライ語で、すでに旧約聖書にも何度も出てきます。「そうです」とか、「そうなりますように」とかいう意味の、もっとも短い信仰告白の言葉です。これだけは全世界のキリスト教の教会で、教派を越えて使われています。

第六章　パンのふやしの物語

イエスが宣べた「神の国」の福音を歴史的・文献批評的な見方によって理解する試みの一つとして、本章ではパンのふやしの物語を取りあげましょう。その背景と含蓄されている意味を学ぶことは、現代のわたしたちの信仰生活にとって有意義であるに違いありません。

1　物語の背景にある二つのこと

パンのふやしの物語は、四つの福音書がこぞって伝えていますが、マルコ福音書は、これを二度にわたって伝えています。そのうちの一つを考察することにしましょう。

イエスは舟から上がり、大勢の群衆を見て、飼い主のいない羊のような有様を深く憐れみ、いろいろと教え始められた。そのうち、時もだいぶたったので、弟子たちがイエスのそばに来て言った。「ここは人里離れた所で、時間もだいぶたちました。人々を解散させてください。そうすれば、自分で周りの里や村へ、何か食べる物を買いに行くでしょう。」これに対してイエスは、「あなたがたが彼らに食べ物を与えなさい」とお答えになった。弟子たちは、「わたしたちが二百デナリオンものパンを買って来て、みんなに食べさせるのですか」と言った。

イエスは言われた。「パンは幾つあるのか。見て来なさい。」弟子たちは確かめて来て、言った。「五つあります。それに魚が二匹です。」そこで、イエスは弟子たちに、皆を組に分けて、青草の上に座らせるようにお命じになった。人々は、百人、五十人ずつまとまって腰を下ろした。

イエスは五つのパンと二匹の魚を取り、天を仰いで賛美の祈りを唱え、パンを裂いて、弟子たちに渡しては配らせ、二匹の魚も皆に分配された。

すべての人が食べて満腹した。そして、パンの屑と魚の残りを集めると、十二の籠にいっぱいになった。パンを食べた人は男が五千人であった（マコ6・34－44）。


マルコ福音書には、これとほとんど同じ物語がもう一度伝えられています（8・1－10）。聖書学者たちは、福音書の著者が二つの資料から別々のできごととして編集したものの、元は一つの伝承だったと確信しています。マタイ福音書は、マルコを踏襲して、二度にわたって記していますが（14・13－21、15・32－39）、ルカはさすがに重複に気づいたのでしょう、ただ一度しか伝えていません（9・10－17）。ヨハネ福音書は、独自の資料を使って、ただ一度伝えています（6・1－14）。

さて、この物語も「奇跡物語」の形式を踏んで述べられていますが、単にイエスの力あるわざを語るだけでなく、聞き手の信仰にとって非常に大切なメッセージを物語っています。物語の語り手の脳裏には、幾つかの言い伝えが背景にあったようです。

一つは、イスラエルの民の信仰で、モーセが四十年間の荒れ野の旅を通して民を約束の地へと導いたとき、飢えた民のために祈り、神さまが天から糧（マンナ）を降らせたという言い伝えです（出16・1－36）。ユダヤ人なら、子どものときからこの話を聞いて、よく知っていました。ですから、パンのふやしの物語を聞いた人は、すぐにモーセによって与えられたマンナの物語を連想して、イエスこそ真のモーセであり、真の糧を与える方だ、というメッセージを聞き取ることができました。現にヨハネ福音書では、パンのふやしの物語の後、イエスを追ってきた群衆がイエスと論争をしますが、「わたしたちの先祖は、荒れ野でマンナを食べました。『天からのパンを彼らに与えて食べさせた』と書いてあるとおりです」（ヨハ6・31）と、出エジプト記十六章の言い伝えを引き合いに出しています。

物語の語り手の脳裏にあるもう一つのことは、原始の教会で祝われていた「主の晩餐《ばんさん》」

（ミサ）の儀式です。物語の中心部には、イエスが「（五つの）パン（と二匹の魚）を取り、天を仰いで賛美の祈りを唱え、パンを裂いて、弟子たちに渡し」と語られていますが、それは語り手も聞き手もくりかえし行っていた「主の晩餐」の儀式の定式文から取られた言葉です。ここから、この物語が原始教会の「主の晩餐」の体験から生まれ、その意味を説明することを目的にしていることが推測されます。

2　主の晩餐の儀式

この「主の晩餐」について、新約聖書の中の最古の証言は、コリントの教会に宛てたパウロの手紙です。パウロは紀元五〇年から五二年にかけて約一年コリントに滞在し、この教会を創設したのですが、彼の去った後に教会の信徒たちのあいだでさまざまな問題が生じたため、五四年頃、信徒の代表が対岸のエフェソに滞在していたパウロの所にきて、コリントの共同体についての報告と彼らの質問をパウロにもたらしました。これに対してパウロが答えたものが、「コリントの信徒への第一の手紙」です。この中で、コリントで行われている「主の晩餐」の祝い方について、その間違いを指摘し、自分がかつて伝えた

「主の晩餐」の儀式をもう一度説明しています。

わたしがあなたがたに伝えたことは、わたし自身、主から受けたものです。すなわち、主イエスは、引き渡される夜、パンを取り、感謝の祈りをささげてそれを裂き、「これは、あなたがたのためのわたしの体である。わたしの記念としてこのように行いなさい」と言われました。また、食事の後で、杯も同じようにして、「この杯は、わたしの血によって立てられる新しい契約である。飲む度に、わたしの記念としてこのように行いなさい」と言われました。だから、あなたがたは、このパンを食べこの杯を飲むごとに、主が来られるときまで、主の死を告げ知らせるのです（一コリ11・23－26）。

パウロはここで、主イエスが弟子たちとの別れの食事の中でこの儀式を制定したと述べていますが、すでに原始教会で祝われていた「主の晩餐」の儀式の言葉を使っています。後の章で見るように、別れの食事が紀元三〇年のできごとだったとすると、それからわずか二十年ほどのあいだに、この儀式は原始教会の中でひんぱんに祝われ、ギリシア語に翻訳されただけでなく、遠くギリシアのアカイア地方にまで伝えられていたことがわかります。

「主の晩餐」の儀式の中で、主イエスが臨在され、人々に御自分の体である聖別されたパンを与えてくださること、人々はこのパンを分かちあうことを通して、新しい神の民の共同体として一つに結ばれること、これがパンのふやしの物語で暗示されています。

ところで、主イエスの復活の後、弟子たちは主の言葉を守って、集まるたびごとにパンとぶどう酒をもって「主の晩餐」を祝っていました。これは、使徒言行録にも記されています。五旬祭の日、弟子たちの上に聖霊が下り、ペトロが民衆に説教したところ、多くの人が心を打たれて回心し、仲間に加わりました。この信者たちの生活が次のように描かれています。

ペトロの言葉を受け入れた人々は洗礼を受け、その日に三千人ほどが仲間に加わった。彼らは、使徒の教え、相互の交わり、パンを裂くこと、祈ることに熱心であった。すべての人に恐れが生じた。使徒たちによって多くの不思議な業としるしが行われていたのである。信者たちは皆一つになって、すべての物を共有にし、財産や持ち物を売り、おのおのの必要に応じて、皆がそれを分け合った。そして、毎日ひたすら心を一つにして神殿に参り、家ごとに集まってパンを裂き、喜びと真心をもって一緒に食事をし、神を賛美していたので、民衆全体から好意を寄せられた。こうして、主は救われる人々を日々仲間に加え一つにされたのである（使2・41－47）。

ここで「パンを裂くこと」と表現されているのが「主の晩餐」の儀式です。弟子たちを中心に成立したキリスト者の共同体は、「毎日ひたすら心を一つにして神殿に参り」と述べられているように、まだ「教会」という新しい宗教団体を作る意識などなく、ユダヤ教徒の一グループとして、毎日エルサレムの神殿で行われる祈りの集いに参加していたようです。しかし、これに続いて「家ごとに集まってパンを裂き、喜びと真心をもって一緒に食事をし、神を賛美していた」と述べられているように、彼らがしだいにイエスの弟子としての自覚を強めるに至ったのが、「パンを裂き」と述べられる「主の晩餐」の祝いを通してでした。彼らの集会が他のユダヤ教徒からも観察され、やがて迫害されるようになると、少しずつユダヤ教から独立するようになりました。

3　物語の「生活の座」

さて、聖書の学者たちは、先に見た「パンのふやしの物語は原始教会の主の晩餐を生活の座にしている」とか、「この物語の生活の座は原始教会で祝われていた主の晩餐だ」とか、主張しています。パンのふやしの物語が原始教会で祝われていた主の晩餐の儀式に「腰を下ろしている」、その儀式を基盤にして、そこから真の意味を得ている、ということです。これは一例にすぎませんが、「生活の座」という表現は、聖書の解釈のためにしばしば用いられるので、知っておくとよいと思います。物語はしばしば、語り手にとっても聞き手にとっても、彼らの生活に密着しているため、それと切り離しては本来の意味が的確には理解できないのです。

復活の主イエスは、今も自分たちとともにおられること、主の晩餐を祝うたびごとに、自らの体を自分たちに与えてくださっていること、主イエスこそ新しいモーセであり、ただ単に空腹を満たすパンを与えるだけでなく、永遠のいのちに至る糧を与えてくださること、その糧によってこそ自分たちは真に生かされるのだということ、これがこの物語のメッセージです。

ちなみに、人によっては、パンのふやしの物語をあくまでもイエスの力のわざ（奇跡）としてのみ読む人がいるかもしれません。そして、イエスが五千人のためにパンをふやしたのは史実だ、ということにこだわるかもしれません。歴史的・文献批評的な聖書の研究からは、はたしてイエスが実際にパンをふやしたのか、この問いに対する正確な答えはありません。むしろ、物語のメッセージのほうが大切だからです。けれども、物語が言い伝えられた始めには、何らかの史実の核があったのでしょう。たとえば、イエスは幾度となく、野外で説教したこと、あるときは多くの群衆が町や村から出てきて、長時間にわたってイエスの説教に聞き入っていたこと、そういうとき、イエスが人々とともに青草の上で簡単な食事をしたことなどは、史実だったでしょう。そうであれば、イエスと弟子たちが自分たちのわずかの食物を皆に分かちあったとき、人々も自分たちのもっていた食物を互いに分かちあい、その結果、すべての人々が満たされたという経験があって、そこからパンのふやしの物語が発展してきたのかもしれません。

原始教会のキリスト者が行ったパンを裂く式は、二千年に及ぶ教会の歴史の中で絶え間なく続けられ、今もなお全世界のカトリック教会において行われています。いや、むしろ教会とは、復活の主イエスとともに食事する共同体である、とさえ言うことができます。主イエスのいのちの糧を分かちあい、この糧に生かされるとき、人々はキリストを囲む共同体として団結します。

日本のカトリック教会では、キリシタン時代から、この「主の晩餐」を「ミサ」と呼びならわしています。ミサこそがキリスト者を主イエスと結び、また互いを一つに結びあわせるものです。パウロによれば、共同体はキリストのおん体に養われて、一つの「キリストの体」に作りあげられます。これについては、後に教会論を取りあげるときに詳しく見ることにしましょう。

暮らしの中で

食卓を囲む者の交わり

日本のカトリック教会では、ミサの中で聖別されたパン（聖体）が会衆に授与されるときのことを、「聖体拝領」と呼んでいます。でも、規範となるラテン語のミサ典書では「コムニオ communio」と呼ばれていますから、その真の意味は「交わり」です。「聖体拝領」と呼ぶと、一人ひとりがご聖体をありがたくいただく、という敬虔さが強調されますが、「交わり」という面が十分に表現されていません。一つのパンを皆で分けあっていただくという、食卓を囲む儀式なのですから、一緒に聖体拝領をする他の人々とはまったく関係したくないとすれば、それは矛盾ではないでしょうか。

キリストとともに食卓を囲むわたしたちは、主キリストが糧として差しだしてくださるいのちを分かちあい、互いに結ばれて、一つの「キリストの体」とされます。もちろんわたしたちは、お互いに欠点ばかりの人間ですから、自分と好みや考え方が合わない人、好きな人や苦手な人がいても当然でしょう。それでも、主のおん体をいただいて、一つの「キリストの体」になるように招かれて、「アーメン」という信仰告白をするのです。主の恵みをいただいて、自分に合わない人をも受けいれる心、互いに尊敬と思いやりの心をもって一緒に働くことができるように祈りたいと思います。そうすれば、今すぐには解決できない人間関係も、きっと少しずつ清められ、少しずつ愛の共同体へと変えられていくでしょう。

第七章　宣教活動に訪れた危機

これまで、イエスの生涯の関心事であった「神の国」の福音を、さまざまな局面から見てきました。さて、今日の史実の研究では、このイエスの宣教活動に一つの転機が訪れたことが指摘されています。本章ではこれを取りあげ、イエスがこれをどのように受けとめたか、また弟子たちにどのような心構えを求めたかを学びましょう。

1 宣教活動の転機

イエスがガリラヤ地方で神の国の福音を告げたとき、初めのうちはユダヤの各地から大勢の人々が集まってきて、彼の説教を喜んで聞いていました。イエスが力あるわざをもって病人を癒やし、悪霊を追い出していたとき、弟子たちは押しかけてくる群衆への対応に、食事の暇さえないほどに忙しかったと言われています。この頃のイエスの宣教活動は成功を収め、いわば花が咲き乱れ鳥たちがさえずる「ガリラヤの春」とも呼ばれるものだったのでした。ところが、ある時期にその活動の風向きが変わりました。イエスの所にやってくる人々はしだいに少なくなり、もう喜んで彼の説教に耳を傾けることがなくなったようです。この時期は「ガリラヤの危機」と呼ばれます。

マルコ福音書では、この頃の状況を反映する記述がちょうど福音書の真ん中あたりに出てきます。

イエスは、弟子たちとフィリポ・カイサリア地方の方々の村にお出かけになった。その途中、弟子たちに、「人々は、わたしのことを何者だと言っているか」と言われた。弟子たちは言った。「『洗礼者ヨハネだ』と言っています。ほかに、『エリヤだ』と言う人も、『預言者の一人だ』と言う人もいます。」そこでイエスがお尋ねになった。「それでは、あなたがたはわたしを何者だと言うのか。」ペトロが答えた。「あなたは、メシアです。」するとイエスは、御自分のことをだれにも話さないようにと弟子たちを戒められた（マコ8・27－30）。

フィリポ・カイサリア地方は、ヘロデ大王の息子の一人フィリポが継いだパレスチナの北部で、ここにもローマ皇帝におもねて「カイサリア」（皇帝の町）と命名された町があります。地中海沿岸のカイサリアと区別するためにフィリポ・カイサリアと呼ばれました。その旅の途中でイエスは弟子たちに、「人々はわたしを何者だと言っているか」と尋ねたと記されています。弟子たちは自分たちが耳にしている人々のうわさをイエスに伝えます。人々が「洗礼者ヨハネだ」と言うのは、「ヘロデ・アンティパスによって処刑されたヨハネが生き返って、その霊がイエスに乗りうつったから、奇跡を行う力が彼に働いている」という、民間の迷信があったのでしょう（マコ6・14参照）。「エリヤだ」と言うのは、天に上げられた預言者エリヤ（王下2・11－12）がいつの日か再来して、世直しをするという民間信仰があったからでしょう（マコ9・11－13参照）。「預言者の一人だ」と言うのは、イスラエルの歴史に多くの預言者たちが神さまから遣わされたのですが、イエスもその中の一人だと考えられたからでしょう（ルカ24・19参照）。

しかし、イエスはここで弟子たちに、決定的な問いかけをします。「それでは、あなたがたはわたしを何者だと言うのか。」他の人々の話しているうわさはさておき、自分と寝起きをともにし、従ってきた「あなたがたは」、イエスを何者と考えているのか、と尋ねるのです。そこでペトロが弟子たちを代表して答えます。「あなたは、メシアです。」これは、当時のペトロがその意味を理解していたかどうかを別にして、「イエスこそキリストだ」という、いちばん素朴で、単純明快な原始キリスト教会の信仰告白の言葉です。福音書の一つの頂点だと言ってよいでしょう。この後、イエスは自分の受難と死の予告をし始めます。福音書の描くイエスの道のりは、いわば下り坂になっていきます。そのときから、イエスはもう公の場で説教することはせず、むしろ少数の弟子たちの教育に専念するようになります。

このときの状況を、まったく違う文脈で伝えているのが、ヨハネ福音書です。これを見ておきましょう。

ところで、弟子たちの多くの者はこれを聞いて言った。「実にひどい話だ。だれが、こんな話を聞いていられようか。」……（中略）……このために、弟子たちの多くが離れ去り、もはやイエスと共に歩まなくなった。

そこで、イエスは十二人に、「あなたがたも離れて行きたいか」と言われた。シモン・ペトロが答えた。「主よ、わたしたちはだれのところへ行きましょうか。あなたは永遠の命の言葉を持っておられます。あなたこそ神の聖者であると、わたしたちは信じ、また知っています」（ヨハ6・60、66–69）。

ヨハネ福音書は、イエスが与える「永遠のいのちに至るパン」についてのユダヤ人との論争を伝え、ユダヤ人たちがイエスにもはや聞き従わなくなった経緯を描いています。ペトロの信仰告白の言葉は、マルコの伝えるそれと違っていますが、状況は同じです。

では、なぜイスラエルの民はイエスの呼びかけを拒んだのでしょうか。救いの歴史の中の大きな謎です。パウロもこの問いに悩み、彼なりの理解をローマの信徒への手紙九章から十一章にかけて展開しています。

ともあれわたしたちは、モーセの律法を信仰の規範としていた民にとって、イエスのなした権威主張が受けいれられなかった、という点に注目しておきたいと思います。歴史の研究者たちが推測しているように、史実のイエスは自分のことを「キリスト」であるとか、「神の子」であるとか主張したことはなかったかもしれません。しかし、それにもかかわらず、イエスの言行が神さまに代わる権威をもってなされたことは事実です。それは、自分を受けいれる者は神を受けいれ、自分を拒む者は神を拒むのだという絶対的な権威主張でした。モーセの律法のみを生活の規範としている社会で、このイエスの権威主張はモーセを冒瀆《ぼうとく》するに等しいものであり、受けいれられなかったのです。

2　イエスの受難と死の予知

さて、この危機にあたって、イエスはどのように対処したのでしょうか。イエスはイスラエルの民に向けて最後の呼びかけをするために、死を覚悟して首都エルサレムに向かう決意を固めた、と推測されています。マルコ福音書の記述と、これに基づくマタイとルカの並行箇所では、イエスはエルサレムへの途上で、三度に渡って、自分の受難と死と復活の予告をしています。

それからイエスは、人の子は必ず多くの苦しみを受け、長老、祭司長、律法学者たちから排斥されて殺され、三日の後に復活することになっている、と弟子たちに教え始められた（マコ8・31と並行箇所）。

一行はそこを去って、ガリラヤを通って行った。しかし、イエスは人に気づかれるのを好まれなかった。それは弟子たちに、「人の子は、人々の手に引き渡され、殺される。殺されて三日の後に復活する」と言っておられたからである。弟子たちはこの言葉が分からなかったが、怖くて尋ねられなかった（マコ9・30－32と並行箇所）。

一行がエルサレムへ上って行く途中、イエスは先頭に立って進んで行かれた。それを見て、弟子たちは驚き、従う者たちは恐れた。イエスは再び十二人を呼び寄せて、自分の身に起ころうとしていることを話し始められた。「今、わたしたちはエルサレムへ上って行く。人の子は祭司長たちや律法学者たちに引き渡される。彼らは死刑を宣告して異邦人に引き渡す。異邦人は人の子を侮辱し、唾をかけ、鞭打ったうえで殺す。そして、人の子は三日の後に復活する。」（マコ10・32－34と並行箇所）。

この三度にわたる受難予告は、イエスが弟子たちに語ったことに間違いないとしても、その文字通りの予告であったかどうかは疑問の余地があります。というのも、福音書の著者は実際にエルサレムで起こったイエスの受難と死の経緯を知っており、その知識をもって、過去にさかのぼってイエスの予告の言葉を記すからです。とくに三度目の予告では、受難のさまが詳細に描かれていて、史実のイエスがそこまで詳しく自分の受難と死を予知していたとは考えにくいでしょう。聖書の歴史的・文献批評的な読み方では、この類いの事柄を「事後予告」と呼んでいます。

ともかく、イエスは人々の自分に対する態度が険悪になるにつれ、少しずつ受難と死を予測するようになったのではないでしょうか。しかも、それを神さまから自分に託された宿命として受けとめたのではないかと思われます。イエスがこのように理解したことには、すぐ近くで経験した洗礼者ヨハネの殉教（マコ6・14－29）や、聖書を通じて知っている預言者たちの受けた迫害などが、大きく影響したに違いありません。とくにイザヤ書に伝えられる「苦しむ神のしもべ」（イザ52・13－53・12）の思想は、イスラエルのためにいのちをささげることをイエスに決意させる要因になったと推測されます。そして、後の新約聖書記者たちも、神のしもべの苦難と死を引用するだけでなく、その思想を使ってイエスの受難と死の意味を説明しています（使8・32－33、一ペト2・22、24－25など）。その数節を読んでおきましょう。

彼が担ったのはわたしたちの病、彼が負ったのはわたしたちの痛みであったのに、わたしたちは思っていた、神の手にかかり、打たれたから、彼は苦しんでいるのだ、と。彼が刺し貫かれたのは、わたしたちの背きのためであり、彼が打ち砕かれたのは、わたしたちの咎のためであった。彼の受けた懲らしめによって、わたしたちに平和が与えられ、彼の受けた傷によって、わたしたちはいやされた。……（中略）……捕らえられ、裁きを受けて、彼は命を取られた。彼の時代の誰が思い巡らしたであろうか。わたしの民の背きのゆえに、彼が神の手にかかり、命ある者の地から断たれたことを。彼は不法を働かず、その口に偽りもなかったのに、その墓は神に逆らう者と共にされ、富める者と共に葬られた。病に苦しむこの人を打ち砕こうと主は望まれ、彼は自らを償いの献げ物とした。彼は、子孫が末永く続くのを見る。主の望まれることは、彼の手によって成し遂げられる（イザ53・4−5、8−10）。

暮らしの中で

イエスに聞く者は神に聞く

イスラエルの民がイエスの呼びかけを拒絶した要因は彼の権威主張にあると述

切手を
はってお出し
ください

郵便はがき

107-0052

（受取人）

東京都港区赤坂8-12-42

女子パウロ会

愛読者カード係　行

お客様コード □□□□□ ＊お持ちの方はご記入ください。

お名前（フリガナ）　性別　1. 男　2. 女

生年月日　年　月　日

ご住所（フリガナ）〒 □□□-□□□□

Tel　Fax

E-mail

★該当する番号に○をつけてください

ご職業　1.会社員･公務員　2.自営業　3.主婦　4.学生　5.幼稚園教員　6.学校教員　9.その他（　　）

●どこでこの本をお知りになりましたか

0.その他　1.友人　2.学校･幼稚園　3.教会　4.目録　5.新聞･雑誌　6.キリスト教専門書店　7.一般書店　8.ダイレクトメール

●購買されている新聞･雑誌名をお選びください（いくつでもけっこうです）

1.朝日　2.毎日　3.読売　4.サンケイ　5.カトリック新聞　6.キリスト新聞　7.その他（　　）

はがきにご記入いただきましたお客様の個人情報は、商品や資料の発送、各種サービスのご提供にのみ使用させていただきます。

※ご愛読ありがとうございました

書名

●この本をお読みになったご感想をお聞かせください

●これからどんな本の出版をご希望ですか?

●次の本を注文いたします

書籍コード	書　名	本体	冊

※お支払いは代引又は前払いでお願いいたします。

べましたが、これは現代においても変わらないかもしれません。福音を宣べ伝えるにあたって、もしイエスが預言者の一人であるとか、多くの宗教の創設者の一人であるとかと言うだけであれば、大半の日本人には抵抗なく受けいれられるでしょう。けれども、イエスが神の子キリストであるという信仰は、それ以上のことを主張しています。イエスに聞く者は神に聞く、しかし、イエスを拒む者は神を拒むのだ、という絶対的な主張がここにはあります。神はイエスを通して一回限り、決定的な形でご自身を啓示しておられること、人がイエスの呼びかけに応えるかどうかが、その人の神からの呼びかけに応えるかどうかを決定してしまうこと、この絶対的な主張こそが世の人々にとってキリスト教を受けいれるいちばんのむずかしさではないでしょうか。

キリスト教入門の講座を担当する人は、このことをわきまえておかなければなりません。ある時点で人々がキリストの福音を受けいれられず、去っていくということがあったとしても、驚くには値しません。イエス自身がこの挫折を経験したからです。しかし、このキリスト教の中核にあるむずかしさに人々がつまずいたとしても、それが乗り越えるべき「つまずき」としてはっきり現れでることを恐れてはなりません。むしろ、そのキリスト教の本来の「つまずき」が現れでるためにこそ、教会の中に見られる他のつまらない表面的なつまずきを、できるかぎり避けることが必要でしょう。

第八章　最後の晩餐《ばんさん》

イエスはイスラエルの民に向けて最後の呼びかけをしようと決意して首都エルサレムに上りましたが、神殿で民の指導者たちと論争を続けるうちに、身の回りにますます険悪な空気がただよってきたことに気づき、自分に死が迫っていることを知って、弟子たちと別れの食事をすることになりました。これは「最後の晩餐」として知られています。本章ではこれを取りあげ、イエスが自分の死をどのように理解したのか、また自分の死後に向けて、どのような使命を弟子たちに託したのかを考察しましょう。

1 弟子たちとの別れの食事

四福音書がこぞって記している最後の晩餐の記述ですが、日付の上で、ヨハネ福音書と共観福音書とのあいだに食い違いがあります。マルコをはじめ共観福音書では、「除酵祭の第一日、すなわち過越の小羊を屠《ほふ》る日」（マコ14・12と並行箇所）に、弟子たちがイエスとともにする過越の食事の準備をしたと書かれています。イエスの最後の晩餐は、ユダヤ社会で慣例になっている過越の食事だった、と述べているわけです。ところが、ヨハネ福音書では、ただ「過越祭の前のことである」（ヨハ13・1）としか述べられていません。そして、夕食の席でイエスが弟子たちの足を洗ったこと、その後、十三章から十七章にわたる、イエスの告別説教が長々と語られていますが、これはヨハネ福音書の独自の書き方でしょう。イエスの捕縛と裁判と処刑の記述がこれに続きます。ここで、共観福音書とは違った日付が明記されているのです。

まず、イエスに対する総督ピラトの裁判で、イエスをピラトの官邸に連行したユダヤ人が、「自分では官邸に入らなかった。汚れないで過越の食事をするためである」（ヨハ18・28）と書かれています。そして、ピラトがイエスに死刑の判決を下すのが、「それは過越祭の準備の日の、正午ごろであった」（ヨハ19・14）とされています。しかも、イエスが十字架の上で息絶えたのは、「その日は準備の日で、翌日は特別の安息日であった」（ヨハ19・31）と述べられています。「特別の安息日」とは、土曜日が過越祭と重なった日のことです。つまり、ヨハネ福音書によれば、イエスがピラトの所に連れていかれ、死刑の判決を受け、亡くなったのが、過越祭の前日、「準備の日」（安息日の前日すなわち金曜日）で、ユダヤ人たちが日が暮れてから過越の食事をする日であったとされているのです。

つまり、過越祭は当時の暦でニサンの月の十五日でしたが、ヨハネ福音書によれば、イエスが弟子たちとともにした別れの食事は、ニサンの月の十四日の夜になされるはずの過越の食事ではなかった、ということになります。

他方、もし共観福音書の記述のように、それが過越の食事であったとしたら、その夜にユダヤ人によって捕らえられ、最高法院のメンバーによって裁かれ、次の日、すなわち過越祭の当日に、ピラトの所に連れていかれて死刑の判決を受け、十字架につけられた、ということになります。ユダヤ人たちの慣習からはありそうもないことなので、つじつまが合うのはむしろヨハネ福音書のほうでしょう。

日付のことなどどうでもよい、と思われるかもしれませんが、福音書のあいだで両立しない相違のあることの一例です。

それよりも大切なことは、ヨハネ福音書も共観福音書も、イエスの死とユダヤの過越の伝統とを結びつけようとしていることです。ヨハネでは、イエスに十字架刑の判決が下される時が、まさに神殿で過越の小羊がほふられる時です。イエスの死後、兵士が槍で脇腹を差し貫いたと述べるのはヨハネだけですが、「『その骨は一つも砕かれない』という聖書の言葉が実現するためであった」(19・36)という言葉も、明らかに過越の小羊の規定(出12・46、民9・12)を指し示しています。イエスこそ、まことの「神の小羊」(ヨハ1・29、36)であることを表現しています。

他方、共観福音書はイエスの別れの食事が過越の食事だったとすることで、イエスの制定した「主の晩餐」の儀式を過越の食事の儀式に基づいて、その延長の上に理解しようとしています。事実、その後の教会の歴史で、「主の晩餐」（ミサ）の儀式が少しずつ形成されていく過程では、ユダヤの過越の食事がモデルになりました。

2　「主の晩餐」（ミサ）の制定

さて、イエスはこの別れの食事の席上で、新しく「主の晩餐」の儀式を制定しました。これについては、先にパンのふやしの物語を取りあげたときに、パウロのコリントの信徒に宛てた第一の手紙から読みましたが、ここではルカ福音書による最後の晩餐の記述を見ておきましょう。

時刻になったので、イエスは食事の席に着かれたが、使徒たちも一緒だった。イエスは言われた。「苦しみを受ける前に、あなたがたと共にこの過越の食事をしたいと、わたしは切に願っていた。

言っておくが、神の国で過越が成し遂げられるまで、わたしは決してこの過越の食事をとることはない。」

そして、イエスは杯を取り上げ、感謝の祈りを唱えてから言われた。「これを取り、互いに回して飲みなさい。言っておくが、神の国が来るまで、わたしは今後ぶどうの実から作ったものを飲むことは決してあるまい。」それから、イエスはパンを取り、感謝の祈りを唱えて、それを裂き、使徒たちに与えて言われた。「これは、あなたがたのために与えられるわたしの体である。わたしの記念としてこのように行いなさい。」食事を終えてから、杯も同じようにして言われた。「この杯は、あなたがたのために流される、わたしの血による新しい契約である」（ルカ22・14－20）。

ルカ福音書は、パウロがコリントの信徒に宛てて書いた第一の手紙から三十年も後に書かれています。しかし、パウロが二度にわたって書いている「わたしの記念としてこのように行いなさい」（一コリ11・24、25）という言葉は、ルカでも文字通りに伝えられています。また、パウロが伝えている「これは、あなたがたのためのわたしの体である」（一コリ11・24）というイエスの言葉は、ルカでは「これは、あなたがたのために与えられるわたしの体である」（ルカ22・19）と、「与えられる」の一語が加わったほかは同じ言葉で伝えられています。パウロからルカへ、「主の晩餐」の伝承が同じ系列であったことが確認されます。

ところで、イエスが弟子たちに命じた「わたしの記念としてこのように行いなさい」という言葉は、弟子たちによって忠実に守られました。イエスの復活を体験した弟子たちは、事あるごとにともに集まり、パンとぶどう酒をもって「主の晩餐」を祝いました。これは、後に発展した教会で「感謝の祭儀」（ギリシア語のエウカリスチア eucharistia）とか「パンを裂くこと」とか、「ミサ」とか、さまざまに呼ばれるようになりました。「ミサ」は西方教会で「主の晩餐」がラテン語で行われるようになったとき、司式する司祭が儀式の最後に言う「イテ、ミサ エスト ite, missa est（行きなさい、［集会は］派遣されています）」という言葉からくると言われています。

ちなみに、新共同訳の「わたしの記念としてこのように行いなさい」という言葉は、原文のギリシア語を直訳すれば、「わたしを記念するためにこれを行いなさい」と邦訳されます。「このように」ではなく、「これを」行いなさいと言われています。「このように」行うのであれば、たとえばパンの代わりに餅を使い、ぶどう酒の代わりに酒を使ってもよいかもしれません。しかし、カトリック教会では二千年にわたり、小麦粉から作ったパンと、ぶどうの実から作ったワインを使うことを厳格に守ってきました。それが「秘跡」という教義の定めです。目に見えるしるしを用いるからこそ、そのしるしの形態にこだわるわけです。

さて、この最後の晩餐の記述も、原始教会の「主の晩餐」の儀式を「生活の座」としています。もちろん、「主の晩餐」は最後の晩餐の中で制定されたものですが、その記述はパウロのそれでさえ二十年後に書かれたものですから、当時の教会の生活を踏まえて多少とも言い換えられています。イエスがパンを取って、「これは、あなたがたのために与えられるわたしの体である」と言ったことは、何の疑いもなく史実だと言ってよいのですが、ぶどう酒を取って、「この杯は、あなたがたのために流される、わたしの血による新しい契約である」と言ったことについては異論があります。「新しい契約」という言葉は、旧約聖書の伝統に基づいていて、むしろ後で発展した「主の晩餐」の儀式で使われるようになった言葉です。これは、原始教会がイエスの死の意味を理解した過程で、その理解から付加された言葉かもしれません。

いずれにせよ、イエスがパンとぶどう酒をもって「主の晩餐」の儀式を制定し、これを自分の死後も弟子たちが行うように命じたことは、揺るぎない史実だと言えます。そして、その時点で、イエスは自分の死が人々の救いのためにささげられることを意識していたことも明らかです。

最後の晩餐でのパンは、祭りのあいだに定められていた種なしパン（酵母を入れずに焼いたパン）でしたから、今日のわたしたちが日常で食べるパンと違って、分けて食べるためにはビリビリと引き裂かなければなりませんでした。このパンを引き裂く行為を通して、イエスは自分の体が引き裂かれることを想像していたかもしれません。

また、「言っておくが、神の国で過越が成し遂げられるまで、わたしは決してこの過越の食事をとることはない。」「言っておくが、神の国が来るまで、わたしは今後ぶどうの実から作ったものを飲むことは決してあるまい」という言葉は、不思議な言葉です。これは、決して後の典礼の歴史で儀式の言葉として使われていないので、逆に史実のイエスの口になると考えざるをえません。イエスはきっと、弟子たちとともにするこの食事がこの世の最後の食事だ、ということを強く意識していたのでしょう。それは、この食事が神の国の完成のとき皆でともにする食事を先取るものである、ということを意味しています。

パウロが上述の手紙の中で、「あなたがたは、このパンを食べこの杯を飲むごとに、主が来られるときまで、主の死を告げ知らせるのです」(一コリ11・26)と書き記しているように、原始教会のキリスト者たちは「主の晩餐」を祝うときに、終末がまもなく到来すること、そのとき主キリストと再びまみえることを意識していました。

暮らしの中で

主イエスの死と復活の記念

現行のカトリック教会のミサ典文にある「わたしを記念としてこれを行いなさい」という言葉は、一コリント11・24、25、ルカ22・19の言葉通りですが、そこで言われる「記念」(ギリシア語のアナムネーシス anamnêsis)とは、ただ過去のできごとを思いだすというだけのことではありません。むしろ、歴史の中でただ一回なされたキリストの死と復活という救いのできごとが、永遠のものとして神さまの次元につねに存在していて、わたしたちがミサを祝うたびごとに、そこに現在化される、ということを意味しています。

このことは、感謝の祭儀の意義深い神秘です。どのようにみすぼらしい聖堂であっても、わたしたちがミサを祝うときに、永遠の主が現にそこにおられ、わたしたちを一つの食卓に招いておられること、しかも御自身のいのちをわたしたちの糧として差しだしておられること、わたしたちが主と一致して神の子らの家族とされることを意味しています。

最後の晩餐は、死を前にしたイエスが、ただ一回限り、御自身のいのちの奉献を通して、時間と空間の違いを越えて、わたしたちの世界にいのちを与えてくださったできごとです。

第九章　イエスの受難と死

前章では、イエスが弟子たちと別れの食事をした時のことを学びました。イエスは人々のために自分のいのちをささげるという覚悟をし、「主の晩餐」を制定して自分の死後も行うように弟子たちに命じました。さて、イエスがどのようにユダヤ人たちによって捕えられ、裁判にかけられたか、その様子を四福音書は詳しく伝えています。本章では主としてマルコ福音書から、イエスの裁判と処刑の経緯と、そこに含蓄されている意味を学び、イエスの受難と死がなぜわたしたちの救いとなるのかを考えましょう。

1　最高法院によるイエスの裁判

どの福音書にとっても、いわば心臓部とも言えるものは、イエスの苦しみと死を伝えている「受難物語」です（マコ14－15章、マタ26－27章、ルカ22－23章、ヨハ18－19章）。どの福音書も、受難物語に差しかかると、他の箇所に比して、いっそう心をこめて、詳細に記していて、イエスの受難と死が原始教会の信者の信仰にとってどれほど大きな意味をもっていたかをうかがわせます。四つの福音書が、それぞれ特徴のある視点からイエスの死を描写していますが、それでも他の箇所に比して、記述される事柄には互いに大きな食い違いがないことも、受難物語の特徴の一つです。これは、福音書が書かれるに先立って、すでにイエスの受難と死の経緯を物語る伝承が成文化されていたことを推測させます。原始教会の人々は、その季節になると、イエスの墓のあった場所に集まって、これを朗読し、イエスの受難と死をしのんだらしいのです。

マルコ福音書の受難物語から、イエスがまず最高法院のメンバーによって裁かれた経緯を読んでおきましょう。

人々は、イエスを大祭司のところへ連れて行った。祭司長、長老、律法学者たちが皆、集まって来た。ペトロは遠く離れてイエスに従い、大祭司の屋敷の中庭まで入って、下役たちと一緒に座って、火にあたっていた。祭司長たちと最高法院の全員は、死刑にするためイエスにとって不利な証言を求めたが、得られなかった。多くの者がイエスに不利な偽証をしたが、その証言は食い違っていたからである。すると、数人の者が立ち上がって、イエスに不利な偽証をした。「この男が、『わたしは人間の手で造ったこの神殿を打ち倒し、三日あれば、手で造らない別の神殿を建ててみせる』と言うのを、わたしたちは聞きました。」しかし、この場合も、彼らの証言は食い違った。

そこで、大祭司は立ち上がり、真ん中に進み出て、イエスに尋ねた。「何も答えないのか、この者たちがお前に不利な証言をしているが、どうなのか。」しかし、イエスは黙り続け何もお答えにならなかった。そこで、重ねて大祭司は尋ね、「お前はほむべき方の子、メシアなのか」と言った。イエスは言われた。「そうです。あなたたちは、人の子が全能の神の右に座り、天の雲に囲まれて来るのを見る。」大祭司は、衣を引き裂きながら言った。「これでもまだ証人が必要だろうか。諸君は冒瀆《ぼうとく》の言葉を聞いた。どう考えるか。」一同は、死刑にすべきだと決議した（マコ14・53－64）。

最高法院とは、ローマ帝国の占領下にもユダヤ人社会に許されていた自治機関で、モーセの律法を規範とする行政と裁判を執り行う議会でした。祭司たちと律法学者たちと民の長老たちとの、合わせて七十二人の議員から構成され、大祭司が議長を勤めていました。イエスが裁かれたときの大祭司は、カイヤファ（一八～三六年在職）という人物で、イエスはまずカイヤファの官邸に連れていかれ、そこに最高法院の議員たちが集結したようです。

マルコ福音書の著者は、ここで一つのドラマのクライマックスのようにイエスの死刑判決の経緯を描いています。イエスに対するさまざまな訴えのために証人がそろわず、最後に大祭司がユダヤ教の最高の権威者として立って、「お前はほむべき方の子、メシアなのか」という決定的な質問をします。「ほむべき方」はユダヤの言い回しで、神さまのことです。大祭司はイエスが神の子キリストかと問うのですが、「神の子キリスト」という言葉は、後の教会の中で形成された信仰告白の言葉なので、史実として大祭司がこの質問をしたとは考えにくいでしょう。むしろ、マルコ福音書の著者が大祭司の口に載せて質問し、この問いに対して、それまで黙していたイエスが自ら荘厳に言明するというドラマです。

イエスの答えは、新共同訳で「そうです」と訳されていますが、原文のギリシア語では「わたしはそれである」（エゴー・エイミ egô eimi）という言葉です。これは、出エジプト記に記されている、モーセに対する神さまの顕現を暗示しています。モーセが神さまに、その御名を尋ねると、神さまは「わたしはある。わたしはあるという者だ」（出3・14）とお答えになります。この「わたしはある」という言葉は、ギリシア語の「七十人訳聖書」では、egô eimi と言われています。

また、「あなたたちは、人の子が全能の神の右に座り、天の雲に囲まれて来るのを見る」

という言葉は、詩編110とダニエル7・13の引用で、これは終末のとき、神に代わって世界を裁く審判者としての権威主張です（マコ8・38、13・26参照）。大祭司は、これを聞いて、怒り狂って、「それは神を冒瀆《ぼうとく》する言葉だ」と言い、議会はイエスを死刑にすべきだと決議しました。

2　総督ピラトによるイエスの裁判

最高法院はイエスを死刑に値すると断罪したものの、ローマ帝国の統治下で、ユダヤ人には死刑の執行が許されていなかったので、イエスをローマ総督の所に連れていき、訴えました。マルコ福音書の受難物語から読んでおきましょう。

　夜が明けるとすぐ、祭司長たちは、長老や律法学者たちと共に、つまり最高法院全体で相談した後、イエスを縛って引いて行き、ピラトに渡した。ピラトがイエスに、「お前がユダヤ人の王なのか」と尋問すると、イエスは、「それは、あなたが言っていることです」と答えられた……（中略）……ところで、祭りの度ごとに、ピラトは人々が願い出る囚人を一人釈放していた。さて、暴動のとき人殺しをして投獄されていた暴徒たちの中に、バラバという男がいた。群衆が押しかけて来て、いつものようにしてほしいと要求し始めた。そこで、ピラトは、「あのユダヤ人の王を釈放してほしいのか」と言った。祭司長たちがイエスを引き渡したのは、ねたみのためだと分かっていたからである。祭司長たちは、バラバの方を釈放してもらうように群衆を扇動した。

そこで、ピラトは改めて、「それでは、ユダヤ人の王とお前たちが言っているあの者は、どうしてほしいのか」と言った。群衆はまた叫んだ。「十字架につけろ。」ピラトは言った。「いったいどんな悪事を働いたというのか。」群衆はますます激しく、「十字架につけろ」と叫び立てた。

ピラトは群衆を満足させようと思って、バラバを釈放した。そして、イエスを鞭打《むち》ってから、十字架につけるために引き渡した（マコ15・1－2、6－15）。

ピラトの裁判の中で、ピラトが何度も口にするのは「ユダヤ人の王」という言葉です。

これは、その当時の政治事情から、ユダヤ人を率いてローマの支配をくつがえそうと企む者、というニュアンスをもっています。ピラトにとっての唯一の関心事がここにありました。彼にはイエスがモーセの律法に違反しようがしまいが、どうでもよいことでした。しかし、すでに言及したように、当時のユダヤ民衆の中には、ローマの支配を駆逐して、イスラエルに自由と独立をもたらす指導者を待望するメシアニズムが盛んだったのです（一章参照）。ここで登場する暴徒「バラバ」という人物も、おそらくはローマに反抗する「熱心党」というグループの一人だったのでしょう。熱心党員は熱烈な愛国者でしたから、ユダヤ民衆には支持されていました。

しかし、現代の歴史家たちが推測しているのは、イエスが熱心党員以上に、ローマにとっては危険人物だったのではないか、ということです。もちろんイエスは、武力をもってイスラエルを解放することなどは、考えてもみなかったでしょう。むしろ、「だれかがあなたの右の頬を打つなら、左の頬をも向けなさい」（マタ5・39）と、敵への愛を説きました。また、四福音書はそろって、ピラトがイエスの無罪を見抜いていたのに民衆の声に負けて、バラバの代わりにイエスを十字架につけたかのように書いています。それは、福音書が書かれた当時、ローマ帝国下で宣教活動をしていたキリスト者たちがローマをいたずらに刺激しないように、あくまでもユダヤ人にイエス処刑の罪を負わせようとする意図が働いていたからです。実はピラトはそれほど愚かではなかったし、またユダヤ人の圧力に屈するほど気弱でもありませんでした。

しかし、事実として、イエスの「神の国」の思想それ自体が、ローマ帝国の秩序をおびやかすものでした。ローマ帝国は、武力をもって他民族を征服し、他民族から血税を搾り取って栄え、無数の奴隷の労働の上にローマ人が裕福な生活を営むという、いわゆる「ローマの平和」（ラテン語のパックス・ロマーナ pax romana）の上に築かれた社会でした。これに対して、イエスが説いた福音は、神のみが唯一の創造主であり、真の支配者であって、人間は皆、兄弟姉妹であり、互いに愛しあい、助けあうべきであって、ある者が暴力をもって他の者を支配することなどは許されない、という教えです。その後の世界の歴史を見ても、イエスの思想は多くの革命家たち以上に社会の改革に影響を及ぼしました。

こうして、四福音書がこぞって記しているように、イエスは十字架刑に処せられ、「ユダヤ人の王」という罪状書きが十字架の上にかかげられました（マコ15・26と並行箇所、ヨハ19・19－22）。

3　十字架刑

十字架刑は、ローマ帝国が編みだした謀反者に対する残酷な見せしめの刑罰でした。受刑者はまずさんざんに鞭打たれ、半死半生の状態で十字架を担わされ、市中を引き回されて刑場に引き立てられます。そこで十字架の上に手足を釘づけにされ、刑場に作られている穴に縦木を差し込んで、さらし者にされます。マルコ福音書の記述から、イエスの最期の様子を読みましょう。

イエスを十字架につけたのは、午前九時であった。罪状書きには、「ユダヤ人の王」と書いてあった。また、イエスと一緒に二人の強盗を、一人は右にもう一人は左に、十字架につけた。昼の十二時になると、全地は暗くなり、それが三時まで続いた。三時にイエスは大声で叫ばれた。「エロイ、エロイ、レマ、サバクタニ。」これは、「わが神、わが神、なぜわたしをお見捨てになったのですか」という意味である。そばに居合わせた人々のうちには、これを聞いて、「そら、エリヤを呼んでいる」と言う者がいた。ある者が走り寄り、海綿に酸いぶどう酒を含ませて葦の棒に付け、「待て、エリヤが彼を降ろしに来るかどうか、見ていよう」と言いながら、イエスに飲ませようとした。しかし、イエスは大声を出して息を引き取られた（マコ15・25－27、33－37）。

ここで、午前九時、昼の十二時、三時という時刻が表示されていますが、これは現代の時刻に書き換えたものです。当時は夜明けから日没までを十二等分して、日時計などで計ったので、原文では三時、六時、九時と記されています。いずれにせよ、正確な時刻というよりは、物語の中でできごとの順序を示すものだったのでしょう。

イエスが叫んだ「わが神、わが神、なぜわたしをお見捨てになったのですか」という言葉は、それだけを読むと、あたかも絶望した者のうらみがましい言葉のような印象を受けます。これを聞いた者が「エリヤを呼んでいる」と言ったと記されていますが、「エロイ」はアラマイ語で、マタイ福音書はこれを「エリ」という古典へブライ語に修正しています。マタイによる「エリ」という言葉のほうが、「エリヤを呼んでいる」という誤解を納得させます。このことからも、史実に基づく記述と推測してもよいでしょう。どれほどの苦痛であったかを物語ります。

しかし、これは詩編22の冒頭の言葉であり、その詩編は苦しみの中にある信仰者が自分の心を神さまの前に注ぎだしている祈りです。詩編の全体を読むと、後半では、「主は貧しい人の苦しみを決して侮らず、さげすまれません。御顔を隠すことなく、助けを求める叫びを聞いてくださいます」(25節)という信頼の祈りに変わります。イエスは絶望したのではなく、むしろ、死の最後の瞬間まで、信頼をこめて父に身をささげた、ということを読み取ってよいと思います。

最後には、イエスは言葉にならない、大声をあげて息絶えます。

マルコ福音書は、まるで敵対者が書いているかのように、イエスの苦しみと死の惨めなありさまを、少しも美化せず、赤裸々に描いています。それは、神さまの人間に対する愛が、まさに独り子イエスの極みまでの苦しみの中にこそ現れるという、神学的な逆説です。マルコは、このみじめなイエスの死こそ、人類の救いのためだったということを語っています。この神秘を考えてみましょう。

4　イエスの受難と死がもたらす救い

このようなイエスの悲惨な死に際して、男の弟子たちはすっかり信仰を失い、自分たちにも危害が及ぶのを恐れて、散り散りに逃げてしまいました。しかし、その後まもなく彼らは復活の主イエスに出会い、回心します。イエスの復活というできごとは、神さまからの啓示でもありました。弟子たちは、イエスの死が神さまの永遠の計画に定められていた、わたしたちのための救いのできごとだったのだ、と理解しました。

弟子たちが理解したのは、神さまが最後の瞬間まで忠実であったイエスの死を通して、わたしたちを縛っている死の力に打ち勝ち、わたしたちの苦しみと死の宿命を救いに変えてくださったのだ、ということでした。彼らは、後に旧約聖書の伝統から、「贖《あがな》い」、「贖罪《しょくざい》の犠牲《いけにえ》」、「契約の血」などのイメージを使って、イエスの死の意味を説明しました。これを福音書よりも先に、正確に叙述しているのは、パウロです。

人は皆、罪を犯して神の栄光を受けられなくなっていますが、ただキリスト・イエスによる贖いの業を通して、神の恵みにより無償で義とされるのです。神はこのキリストを立て、その血によって信じる者のために罪を償う供え物となさいました。それは、今まで人が犯した罪を見逃して、神の義をお示しになるためです。このように神は忍耐してこられたが、今この時に義を示されたのは、御自分が正しい方であることを明らかにし、イエスを信じる者を義となさるためです（ロマ3・23－26）。

罪と何のかかわりもない方を、神はわたしたちのために罪となさいました。わたしたちはその方によって神の義を得ることができたのです（二コリ5・21）。

新約聖書の諸文書がくりかえして用いている「贖い」という概念は、古代イスラエルの経験に由来するものです。戦争などによって、敵方に捕らわれたり、奴隷にされたりした身内の者や同胞たちを救うために、人々は多額の身代金を支払いました。贖いとは、捕らわれの身にある者を代価を払って救いだすことです。これは、宗教的な次元に転用されて、「主は、イスラエルを、すべての罪から贖ってくださる」（詩130・8）などと表現されました。罪のために悪の力に捕らわれている人間を神さまが特別の恵みによって救ってくださる、ということです。これは、キリスト教にも踏襲され、「主キリストによる贖い」と表現されます。「贖い」の概念には、①捕らわれの状況、②これに対する代価、③その実りとしての解放という過程が含蓄されています。もちろん、これはイメージですから、文字通りにとらえて、代価がだれに支払われたのか、なぜ神さまがそのような代価を支払う必要があったのか、などと思弁を巡らすことは意味がありません。主イエスの担った苦しみがわたしたちの罪のためだったこと、イエスがわたしたちに代わって、罪の結果を担ってくださったこと、その結果、わたしたちは罪のゆるしと死の力から解放され、神の子とされる恵みを与えられたこと、それは神さまの救いのわざで、人間の論理を超える神秘です。

そして、その死を通してわたしたち全人類の罪を贖ってくださったということにこそ、イエスを神の独り子と信じることの根拠があるのではないでしょうか。

暮らしの中で

ともに苦しみを担ってくださるキリスト

しばしばわたしたちは人生の途上で、なぜ人生には不条理な苦しみがあるのか、と問います。なぜ世の中には災害や病気などの悪が存在するのでしょうか。なぜ神さまは罪のない人々が権力者の暴力や搾取のもとに苦しみ、報われることなく死んでいくのを許されるのでしょうか。

これは古来、人類がくりかえしてきた問いですが、満足いく解答が見つかりません。しかし、キリスト者はイエスの受難と死の中に、この問いに答える少なくても手がかりを見いだします。主イエス・キリストはわたしたちと同じ肉の宿命を生き、苦しみと死を担ってくださいました。そして、神さまはこのイエスを死者の中から復活させることによって、わたしたちにも永遠のいのちを約束してくださいました。だから、わたしたちの苦しみと死の現実がなくなることはなくても、主イエスはわたしたちとともにその苦しみと死を担ってくださっています。わたしたちも自分の苦しみと死を通して、主イエスの死に参与し、その復活にも参与することができます。そこにキリスト者の希望があります。

第十章　イエスの復活

これまで、イエスの生涯と最期について、できるかぎり歴史的・文献批評的な読み方を通して見てきました。さて、ここでキリスト教信仰の核心であるイエスの復活を取りあげましょう。イエスの復活こそ、キリスト論の鍵になるできごとです。イエスを神の子・キリストとして信じる信仰は、十字架につけられて死んだイエスが、全能の父である神さまによって死者の中から復活させられたことを基礎にして、ここから生まれました。このイエスの復活とはいったい何を意味するのか、弟子たちはイエスの復活をどのように体験し、その意味を理解し、これを人々に証言したのかを学びましょう。

1 空の墓の物語

四福音書はこぞって、イエスの死後三日目に、女たちがイエスの遺骸を納めた墓に参ったところ、遺骸がなくなっているのを発見した、ということを伝えています。これは「空の墓の物語」と呼ばれる箇所ですが、四つの福音書の記述のあいだには、女たちの名前も、墓にいった動機も、空の墓を発見した経緯も、天使の出現の様子も、かなり食い違いがあります。史実がどうであったか、その詳細はわかりません。ここでは、マルコ福音書が伝える空の墓の物語を取りあげて、その物語のメッセージを考えてみましょう。

安息日が終わると、マグダラのマリア、ヤコブの母マリア、サロメは、イエスに油を塗りに行くために香料を買った。そして、週の初めの日の朝ごく早く、日が出るとすぐ墓に行った。彼女たちは、「だれが墓の入り口からあの石を転がしてくれるでしょうか」と話し合っていた。ところが、目を上げて見ると、石は既にわきへ転がしてあった。石は非常に大きかったのである。

墓の中に入ると、白い長い衣を着た若者が右手に座っているのが見えたので、婦人たちはひどく驚いた。若者は言った。「驚くことはない。あなたがたは十字架につけられたナザレのイエスを捜しているが、あの方は復活なさって、ここにはおられない。御覧なさい。お納めした場所である。さあ、行って、弟子たちとペトロに告げなさい。『あの方は、あなたがたより先にガリラヤへ行かれる。かねて言われたとおり、そこでお目にかかれる』と。」

婦人たちは墓を出て逃げ去った。震え上がり、正気を失っていた。そして、だれにも何も言わなかった。恐ろしかったからである（マコ16・1－8）。

まず、聖書学者たちのあいだで謎とされる事柄の一つは、マルコ福音書がこの記述で唐突に終わっていることです。現在のわたしたちがもっている聖書では、その後に9節から20節が続きますが、これは後代の補足であることがわかっています。なぜマルコ福音書の最後の部分が、8節で断ち切られたかのように終わっているのでしょうか。その理由は、巻物の最後の部分が失われたのだとか、福音書の著者が含みをもたせて筆を置いたのだとか、さまざまな推測がなされていますが、はっきりとはわかっていません。

マルコとマタイによる空の墓の物語では、女たちが天使によって、「ガリラヤへ行け」と弟子たちに告げるよう命じられます。歴史家たちの推測によれば、イエスの十字架刑のできごとに接した弟子たちが失望と恐れから故郷のガリラヤに逃げ帰り、元の職業に戻っていたところ、そこで何らかのかたちで復活の主と出会ったようです。どうやら復活の主の出現の物語がガリラヤで生まれ、空の墓の物語がエルサレムに残っていた人々のあいだで生まれて、福音書の書かれる時までに両者が結合されたらしいのです。

それはさておき、イエスの墓が空で発見されたということ自体は、疑うことのできない歴史上の事実だったのではないかと思われます。もしイエスの遺骸がまだ墓の中にあったとしたら、空の墓の物語が伝えられることなどはまったく不可能だったに違いありません。マタイ福音書が記しているように、弟子たちが夜中にイエスの遺骸を盗み出したのだというユダヤ人たちの説明（マタイ28・11－15参照）の真偽はともかく、イエスの遺骸がなくなっていたことは事実だったのでしょう。

2　史実として確認される事柄

そこで、しっかり認識しておきたいことは、何が史実として確かめられるのか、何が確かめられないのか、という区別です。史実として確かめられる事柄は、イエスが十字架上で死んだこと、墓に葬られたこと、その時に弟子たちが離散してしまったことです。また、その後で、イエスの遺骸がなくなっていたこと、離散した弟子たちが再びエルサレムに集結して、「イエスは生きている」と力強く語り始めたことです。そのあいだに何があったのかは、歴史家たちが確かめえないことなのですが、とにかく、あれほど弱く、信仰のなかった弟子たちが、まるで人が変わったかのように、力強くイエスの復活を告げ知らせたこと、もはやどのような権力者も弾圧できず、どのような学者も論駁《ろんばく》することのできない確信と勇気をもって、復活の主キリストとの出会いを証言したこと、それは歴史の事実です。

したがって、わたしたちが歴史的・文献批評的な方法で聖書を読み、イエスの復活について何を客観的に主張できるかと言えば、史実として確かめえるのは「イエスの復活」それ自体ではなく、「イエスが復活した」という弟子たちの証言なのだ、ということです。

そこで、わたしたちの取るべき次のステップは、弟子たちの証言を研究して、弟子たちが「イエスの復活」についてどのように理解しているか、を知ることです。そこまでは、自分が信じようが信じまいが、客観的に知ることのできる事柄です。さいわいに、弟子たちの証言は書きとめられて、新約聖書としてわたしたちが今も手にすることのできるものです。

イエスの復活についての証言には、いわゆる「復活物語」もあれば、より古いものでは「復活のケリュグマ」(ギリシア語で kerygma)と呼ばれるものもあります。ケリュグマとは、原始教会の宣教活動の中で定式化された言明や信仰告白です。邦語では「使信」と訳されることもあります。次にまず、その一つを取りあげてみましょう。

3　イエスの復活についての最古の証言

イエスの復活についての証言で、新約聖書の中でもっとも古いものとされるのは、パウロの手紙の中で引用される、原始教会の信仰告白です。

兄弟たち、わたしがあなたがたに告げ知らせた福音を、ここでもう一度知らせます。これは、あなたがたが受け入れ、生活のよりどころとしている福音にほかなりません。どんな言葉でわたしが福音を告げ知らせたか、しっかり覚えていれば、あなたがたはこの福音によって救われます。さもないと、あなたがたが信じたこと自体が、無駄になってしまうでしょう。最も大切なこととしてわたしがあなたがたに伝えたのは、わたしも受けたものです。すなわち、キリストが、聖書に書いてあるとおりわたしたちの罪のために死んだこと、葬られたこと、また、聖書に書いてあるとおり三日目に復活したこと、ケファに現れ、その後十二人に現れたことです。
　次いで、五百人以上もの兄弟たちに同時に現れました。そのうちの何人かは既に眠りについたにしろ、大部分は今なお生き残っています。次いで、ヤコブに現れ、その後すべての使徒に現れ、そして最後に、月足らずで生まれたようなわたしにも現れました（一コリ15・1－8）。

パウロはコリントの信徒への第一の手紙十五章の全体にわたって、イエスの復活について詳しく説明しています。

その始めの部分で、彼がもっとも大切なこととしてコリントの人々に告げ知らせたこと、それさえ覚えていれば救われるという教えの中核、すなわち自分自身が回心した直後に伝授された、原始教会の信仰告白を引用しています（3節～5節）。

「受けた」「伝えた」という言葉は、ユダヤ教の教育法で教師が命題を文字通り伝達し、弟子がそれを文字通り暗記した慣習を示唆しています。パウロはこの信仰告白の言葉を、そっくり文字通りコリントの人々に伝えたのです。それは、記憶しやすいように韻を踏んでおり、前半と後半とで対になっているので、原文のギリシア語の語順に従って並べて書き、対比してみましょう。

キリストが
死んだ、
私たちの罪のために、
聖書に書いてあるとおり。
そして、葬られた。

復活させられた、
三日目に、
聖書に書いてあるとおり。
そして、現れた、
ケファに、その後十二人に。

この信仰告白の言葉を分析すれば、イエスの弟子たちと原始教会のキリスト者たちがどのようにイエスの復活のできごとを理解していたか、ということを知るための手がかりになります。まず、「キリストが」という主語で始まり、前半は、「死んだ」「葬られた」という、史実として確かめられる事柄が過去のできごととして述べられています。「わたしたちの罪のために」は「死んだ」ことを修飾して、キリストの死の原因についての理解を語っています。

「聖書に書いてあるとおり」も、「死んだ」ことを修飾していますが、これはすでに聖書の中に預言されているように、神さまの永遠の計画の中に予定されていた救いのわざである、という理解です。

後半は、まず「復活させられた」（ギリシア語でエゲーゲルタイ egêgerthai）と言われます。この言葉は、「起こす、立ちあがらせる」（エゲイロー egeirô）という動詞の受動形・現在完了時称です。ギリシア語の現在完了は、過去のできごとを通して、その結果が今も継続していることを表します。受動形は、その行為の最終的な主体が神さま御自身であることを暗示しています。直訳すれば、「立ちあがらされている」とでも言いましょうか。キリストが今も生きておられる、という信仰の理解です。

「聖書に書かれてある通り」という言葉がくりかえされ、前半と後半とが対になっているように、「わたしたちの罪のために」と「三日目に」とは対になっています。つまり、「三日目に」という言葉は、日数を数えているよりも、むしろわたしたちの救いのためになされた、という理解を示しています。旧約聖書には、神さまが御自分に呼ばわる義人を三日以上放っておかれることはない、という信仰がくりかえし語られています。たとえばホセアの預言では、「さあ、我々は主のもとに帰ろう。主は我々を引き裂かれたが、癒やし、我々を打たれたが、傷を包んでくださる。二日の後、主は我々を生かし、三日目に、立ち上がらせてくださる。我々は御前に生きる」（6・1－2）と言われています。

最後の動詞「現れた」（ギリシア語のオーフテー ôphthê）は、「見る」（ホラオー horaô）という言葉の受動形・アオリスト時称で、過去に起こったできごとを語ります。これは、ふつうは神的な存在が出現するときに使われる言葉ですが、受動形なので、やはり究極の主語が神さま御自身であることを暗示しています。ここでもキリストが神さまのもとから、神さまの啓示のわざとして出現したというニュアンスでしょう。

「ケファに現れ」と言われますが、「ケファ」はアラマイ語で「岩」、イエスがヨナの子シモンにつけたあだ名で、ギリシア語に訳せば「ペトロ」です。福音書にはペトロへの出現物語は伝えられていませんが、どうやら復活のイエスの最初の出現はペトロに対してであったと推測されています（ルカ24・34参照）。

4　「死者の復活」の初穂

パウロは上記の手紙で、さらに詳しくイエスの復活をどう理解したらよいのかを説明しています。次にこれを見ておきましょう。

キリストは死者の中から復活した、と宣べ伝えられているのに、あなたがたの中のある者が、死者の復活などない、と言っているのはどういうわけですか。死者の復活がなければ、キリストも復活しなかったはずです。そして、キリストが復活しなかったのなら、わたしたちの宣教は無駄であるし、あなたがたの信仰も無駄です。更に、わたしたちは神の偽証人とさえ見なされます。なぜなら、もし、本当に死者が復活しないなら、復活しなかったはずのキリストを神が復活させたと言って、神に反して証しをしたことになるからです。

死者が復活しないのなら、キリストも復活しなかったはずです。そして、キリストが復活しなかったのなら、あなたがたの信仰はむなしく、あなたがたは今もなお罪の中にあることになります。そうだとすると、キリストを信じて眠りについた人々も滅んでしまったわけです。この世の生活でキリストに望みをかけているだけだとすれば、わたしたちはすべての人の中で最も惨めな者です。

しかし、実際、キリストは死者の中から復活し、眠りについた人たちの初穂となられました（一コリ15・12－20）。

コリントというギリシア文化の町では、「霊魂の不滅」という考えはあっても、「体の復活」という考えはなかなか理解されなかったのでしょう。パウロはユダヤ教で一般に信じられていた「死者の復活」への信仰から説き起こしています。

ところで、「死者の復活」という思想は、実はイスラエルに太古からあったものではなく、比較的に後の時代、紀元前二世紀くらいから、しだいに発展した信仰でした。その頃、ユダヤ世界では、いわゆる「黙示文学」と呼ばれる文書が盛んに書かれました。それは、神さまから特別の啓示を受けたと自負する著者が、世の終わりについて預言するという形式をとって、苦しみの中にあるユダヤの同胞たちを励ますために書き記された多くの文書の総称です。現在の世界は悪の支配下にあるけれども、まもなく神が歴史に介入され、悪の支配に終止符を打ってくださるだろうと、さまざまな天体や動物や数字のシンボルを使って書いています。「死者の復活」という思想は、これらの黙示文学に由来しています。

典型的な例は、旧約聖書の正典に収められているダニエル書で、死者の国で眠っていた人々が終末の時に復活させられ、生前に不義を行ってきた者は裁きを受け、義人は永遠のいのちにあずかることを述べています（12・1－4参照）。

パウロは、このユダヤ教の信仰を前提として、イエスの復活を説明しています。それは、イエスが蘇生《そせい》して生前のいのちを回復したということではありません。そうではなく、「死者の国」に下って、すべての死者たちの宿命をともにしたけれども、終末に起こるはずの「死者の復活」がイエスにおいて先取りされたのだ、という理解です。つまり、わたしたちはまだ歴史の途上にあり、終末に至っていないのですが、終末のできごとがすでにイエスにおいて起こったこと、したがって歴史の終末がすでに始まりつつあり、わたしたちの生きているのは終末の時なのだということです。

パウロはイエスの復活を「初穂」と表現していますが、初穂とは穀物の収穫のとき、初めに実る穂のことで、ユダヤ人たちはこれを神殿に奉納する習慣がありました。それは、初穂に続く収穫の全体の上に祝福を願う、という意味をもっていました。初穂が、後に続く収穫を約束するものだからです。

イメージとして、大きな布を机の上に広げたとします。その真ん中をつまんで、ゆっくり上に引き上げると、布の全体が一緒に引き上げられていきます。いわば、つまんだ布の部分が初穂であるイエスの復活で、布の他の部分がイエスと結ばれたわたしたちだ、と想像するのです。布の端にいるわたしたちも、初穂であるイエスに続いて引き上げられていきます。

つまりイエスの復活は、イエスと結ばれた信仰者のすべてが、いつの日か、イエスと同じように復活させられ、永遠のいのちにあずかることを約束するできごととして理解されたのです。

暮らしの中で

人間の心の奥底にある希求

イエスの弟子たちは、なぜイエスの復活を信じることができたのでしょうか。また、弟子たちの信仰の証言を聞いて、なぜ人々はそれを受けいれることができたのでしょうか。現代のわたしたちはなぜキリスト教の核心であるイエスの復活を信じることができるのでしょうか。

たぶんユダヤの黙示文学それ自体は、わたしたち日本人にとって遠い世界であるかもしれません。しかし、そこで言われている「死者の復活」という思想のいちばん奥底にあるものは、実はすべての人間に共通な、死を超えるいのちへの希求ではないでしょうか。わたしたちは、この世のいのちのはかなさを経験するときに、意識しようとしまいと、自分の存在がこの世で尽きるものではないことを望みます。この心の奥底にある希求に応えるものであったからこそ、イエスの復活を告げた弟子たちの信仰の証言は人々の心に響いたのでしょう。そして、このことは現代のわたしたちにとっても同じではないかと思います。

私自身も加齢とともに、多くの友人たちの死を間近に経験するようになりました。その葬儀の中で、カトリック司祭として、死は決して人間の終わりではなく、むしろ新しいいのちの始まりなのだ、と話します。葬儀ミサの叙唱では、「信じるものにとって死は滅びではなく、新たないのちへの門であり、地上の生活を終わった後も、天に永遠のすみかが備えられています」とうたわれています。残されたご家族には、何と慰め深い言葉でしょう。

逆に、永遠のいのちを信じていなければ、死は本当に悲しい別れです。さまざまな病気や苦しみを負って生きてきた人や、一生懸命に尽くしても報われずに死んでいった人など、もし死がすべての終わりなら、そのご家族にとっては、死別は救いようのない悲しみではないでしょうか。わたしはつくづく、自分が主キリストによる永遠のいのちに招かれていることを幸せに思います。

イエスの復活への信仰は、決して証明できる事柄ではありません。それはただ、使徒たちの証言を信じることによってのみ、自分にとって信じるに値する事柄として受けとめられるのです。

第十一章　弟子たちへの出現

前章で、イエスの弟子たちの証言を通して、彼らが「イエスの復活」というできごとをどのように理解していたかを見ました。イエスの復活は、終末における死者の復活の先取りであって、わたしたちの永遠のいのちへの希望を保証するできごとでした。さて、弟子たちにこのように理解させたのは、復活の主が弟子たちに自らを現し、彼らに信仰を与えたからでした。本章では、福音書に伝えられる復活の主の「出現物語」を手がかりにして、その出会いがどのようなものであったか、また現代のわたしたちにとって何を意味しているかを考えましょう。

1 エマオの弟子たちへの出現物語

復活の主の出現物語では、それぞれの福音書が伝えるもののあいだに整合性がほとんどありません。物語の背後にどのような史実があったのかを推測することは、困難を極めます。出現するキリストが突然に姿を見せ、また突然に消えたりします。そこでは確かに、弟子たちが根本から変えられ、主イエス・キリストへの確固たる信仰をいだき、その後は確信と勇気をもって主の復活を証言するようになったのです。そのことから言えるのは、主の出現が決して弟子たちの妄想や幻視によるだけのものではなかったことです。それは、客観的で現実的なできごとであったに違いありません。しかし、同時にそれが、わたしたちの日常の経験を超えた、まったくユニークな信仰の体験であったことをも暗示しています。

一つの例として、ルカ福音書が伝えるエマオの弟子たちへの出現物語を取りあげましょう。二部構造で語られているので、前半と後半とを分けて考えましょう。

ちょうどこの日、二人の弟子が、エルサレムから六十スタディオン離れたエマオという村へ向かって歩きながら、この一切の出来事について話し合っていた。話し合い論じ合っていると、イエス御自身が近づいて来て、一緒に歩き始められた。しかし、二人の目は遮られていて、イエスだとは分からなかった。
イエスは、「歩きながら、やり取りしているその話は何のことですか」と言われた。二人は暗い顔をして立ち止まった。その一人のクレオパという人が答えた。「エルサレムに滞在していながら、この数日そこで起こったことを、あなただけはご存じなかったのですか。」イエスが、「どんなことですか」と言われると、二人は言った。「ナザレのイエスのことです。この方は、神と民全体の前で、行いにも言葉にも力のある預言者でした。それなのに、わたしたちの祭司長たちや議員たちは、死刑にするため引き渡して、十字架につけてしまったのです。わたしたちは、あの方こそイスラエルを解放してくださると望みをかけていました。しかも、そのことがあってから、もう今日で三日目になります……（中略）……

そこで、イエスは言われた。「ああ、物分かりが悪く、心が鈍く預言者たちの言ったことすべてを信じられない者たち、メシアはこういう苦しみを受けて、栄光に入るはずだったのではないか。」そして、モーセとすべての預言者から始めて、聖書全体にわたり、御自分について書かれていることを説明された（ルカ24・13－21、25－27）。

物語の前半は、二人の弟子がこの数日エルサレムで起こったできごとについて語りあいながら、エマオという村に向かって旅をしていると、復活の主イエス自身が一緒に歩いて、彼らに救いの神秘を説明したという話です。

彼らの目がさえぎられていて、イエスだとはわかりません。二人はイエスに、自分たちの抱いていたイエスへの期待と、十字架上の死という悲惨なできごとで失望に終わったこと、その心の闇を打ち明けます。これを聞いたイエスは二人に、「メシアは苦しみを受けて、栄光に入るはずだった」と語り、その受難と死が神さまの永遠の計画に定められていた、ということを説きあかします。「聖書全体にわたり、御自分について書かれていること」と述べられるのは、旧約聖書がイエスを通してなされる神さまの決定的な救いのわざを前もって書き記しているという、キリスト教信仰の独自の聖書理解です。二人がこれを聞いているうちに、その心を覆っていた闇が、少しずつ晴れていきます。

ルカが描いている、この弟子たちの問いと主から教えていただいて理解していく過程は、実際に主の死につまずいた弟子たちが、聖霊の光に照らされて、互いの分かちあいの中で、少しずつ神さまの救いのわざを理解するに至った過程を反映しているのでしょう。

一行は目指す村に近づいたが、イエスはなおも先へ行こうとされる様子だった。二人が、「一緒にお泊まりください。そろそろ夕方になりますし、もう日も傾いていますから」と言って、無理に引き止めたので、イエスは共に泊まるため家に入られた。一緒に食事の席に着いたとき、イエスはパンを取り、賛美の祈りを唱え、パンを裂いてお渡しになった。すると、二人の目が開け、イエスだと分かったが、その姿は見えなくなった。

二人は、「道で話しておられるとき、また聖書を説明してくださったとき、わたしたちの心は燃えていたではないか」と語り合った。そして、時を移さず出発して、エルサレムに戻ってみると、十一人とその仲間が集まって、本当に主は復活して、シモンに現れたと言っていた。二人も、道で起こったことや、パンを裂いてくださったときにイエスだと分かった次第を話した（ルカ24・28－35）。


物語の後半は、目指すエマオの村に着いたときの話です。復活の主イエスの説きあかしを聞いて心が燃えていた弟子たちは、旅を続けようとするイエスに、「一緒にお泊まりください」と頼みます。こうしてイエスは、一緒に宿屋に入ります。

食事の席で、「イエスはパンを取り、賛美の祈りを唱え、パンを裂いてお渡しになった」と述べられています。これは、パンのふやしの物語でも最後の晩餐の記述でも見たように、原始教会で祝われていた「主の晩餐」の儀式の言葉から取られた言葉です。ここでも物語の「生活の座」は、原始教会の「主の晩餐」にほかなりません。パンを受けて、二人の目は開け、イエスだとわかったけれども、イエスの姿は見えなくなりました。

ここから物語のメッセージが理解されるのではないでしょうか。物語の前半は、「主の晩餐」（ミサ）の前半で行われる「ことばの典礼」の部分にあたります。ミサでわたしたちは主の名によって集まり、聖書を読み、説教を聞きますが、それは目に見えなくても、復活の主が真ん中におられ、わたしたちに救いの神秘を説きあかしてくださることです。「一緒にお泊まりください」という弟子たちの願いは、わたしたちの祈りでもあります。それは主の語ってくださった御言葉への応答であり、信仰の告白です。

物語の後半は、わたしたちがミサの後半で行う「感謝の典礼」の部分にあたります。司式司祭がパンとぶどう酒をもって主が残してくださった聖別の言葉を唱えるとき、復活の主はそこにわたしたちのための糧として、御自身のいのちを差し出してくださいます。わたしたちがこれをいただくとき、主キリストと一つに結ばれ、それを通してわたしたち同士が一つに結ばれ、一つの「キリストの体」に組み入れられます。

エマオの弟子たちは、聖なるパンを受けて、主の死と復活の意味を悟りました。そして、すぐに立ちあがって、夜道をエルサレムまで引き返しました。仲間たちに、一刻も早く、このすばらしい復活のメッセージを告げ知らせるために。

現代のわたしたちも、ミサを祝うたびごとに、復活の主と真に出会っています。わたしたちの主との出会いは、弟子たちが経験した復活の主との出会いと、決して本質的に違うものではありません。たとえ時間も場所も異なっていても、わたしたちも同じように真に主とともに歩み、真に主のいのちの糧に養われ、真に世の人々に福音を告げるために派遣されます。

2 十二人への出現物語

復活の主の出現物語をもう一つ、ヨハネ福音書から読みましょう。十二人の弟子たちへの出現の話です。ただし、ユダが脱落して、このときは実は十一人でしたが、「十二人」は、もともとイスラエルの十二部族の象徴とされた数なので、後に「使徒」という呼称が定着するまでは、イエスの直弟子を表す固有名詞のように用いられていました（一コリ15・5参照）。

この物語も、二部構造なので、前半と後半とに分けて、そこに語られるメッセージを聞きましょう。

その日、すなわち週の初めの日の夕方、弟子たちはユダヤ人を恐れて、自分たちのいる家の戸に鍵をかけていた。そこへ、イエスが来て真ん中に立ち、「あなたがたに平和があるように」と言われた。そう言って、手とわき腹とをお見せになった。弟子たちは、主を見て喜んだ。

イエスは重ねて言われた。「あなたがたに平和があるように。父がわたしをお遣わしになったように、わたしもあなたがたを遣わす。」そう言ってから、彼らに息を吹きかけて言われた。「聖霊を受けなさい。だれの罪でも、あなたがたが赦《ゆる》せば、その罪は赦される。だれの罪でも、あなたがたが赦さなければ、赦されないまま残る」

（ヨハ20・19－23）。

物語の前半は、週の始めの日の夕方のことです。弟子たちは、自分たちにも迫害の手が伸びることを恐れて、家の中に閉じこもっていました。そこへ、復活の主はとつぜん彼らの真ん中に現れます。「手とわき腹をお見せになった」とは、十字架上で死んだイエス本人にほかならないことを示した、ということでしょう。

ちなみに、イエスが十字架の上で息絶えたあと、兵士が槍でわき腹をつらぬいたことを記しているのは、ヨハネ福音書だけです（19・34）。教父たちによれば、わき腹から流れ出た血と水は、洗礼と聖体の秘跡を暗示しています。福音書の著者はこの場面を象徴的に描いて、主のいのちの奉献を通して教会が生まれたことを語っているのでしょう。弟子たちは主イエスとの再会に大喜びしました。

この出現は、同時に弟子たちの派遣として描かれています。今や、弟子たちは生前のイエスに代わって、世の人々に神の国を告げるために派遣されます。イエスは彼らに「息を吹きかけて」と述べられています。「霊」はもともと原語では「息吹」とか「風」（ヘブライ語のルアーハ ruach、ギリシア語のプネウマ pneuma）という言葉ですから、息を吹きかける行為は、聖霊を授与するという象徴的な行為です。これに「聖霊を受けなさい」という言葉も伴います。弟子たちは聖霊を受けて、罪のゆるしの権能を与えられます。

復活の主イエスが弟子たちに聖霊を与えたという記述は、しばしば聖書学者たちによって「ヨハネ福音書における聖霊降臨」と呼ばれ、ルカが使徒言行録で描く聖霊降臨のできごとと対比して見られます。いずれにせよ、復活の主との出会いと聖霊の授与とは切り離すことはできません。聖霊は、信仰者をイエスとの親しい交わりに導く神さまの内的な働きだからです（ヨハ7・37－39、14・15－17、25－26、15・26－27、16・7－15参照）。復活の主との出会いによって新しい人に変えられるということは、聖霊をいただくことにほかなりません。

十二人の一人でディディモと呼ばれるトマスは、イエスが来られたとき、彼らと一緒にいなかった。そこで、ほかの弟子たちが、「わたしたちは主を見た」と言うと、トマスは言った。「あの方の手に釘の跡を見、この指を釘跡に入れてみなければ、また、この手をそのわき腹に入れてみなければ、わたしは決して信じない。」
さて八日の後、弟子たちはまた家の中におり、トマスも一緒にいた。戸にはみな鍵がかけてあったのに、イエスが来て真ん中に立ち、「あなたがたに平和があるように」と言われた。それから、トマスに言われた。「あなたの指をここに当てて、わたしの手を見なさい。また、あなたの手を伸ばし、わたしのわき腹に入れなさい。信じない者ではなく、信じる者になりなさい。」トマスは答えて、「わたしの主、わたしの神よ」と言った。イエスはトマスに言われた。「わたしを見たから信じたのか。見ないのに信じる人は、幸いである」（ヨハ20・24－29）。

物語の後半は、不信仰のトマスの回心の話です。十二人の一人トマスは、イエスの出現のときに居合わせませんでした。そこで、仲間たちが彼に主の出現を伝えると、これを信じることを頑固に拒絶しました。仲間たちの喜びが大きければ大きいほど、彼は孤独で、闇の中に沈んでいました。

しかし、八日後、トマスも一緒にいるとき、復活の主は再び出現します。トマスという人物は、ヨハネ福音書には他の二箇所に登場していますが、頑固ながら、まっすぐで純粋な人だったようです。一度はイエスがラザロを起こしにいこうとしたときで、トマスは他の弟子たちが恐れたにもかかわらず、「わたしたちも行って、一緒に死のうではないか」(ヨハ11・16)と言っています。もう一度は別れの食事の席で、イエスが「わたしがどこへ行くのか、その道をあなたがたは知っている」と言ったとき、トマスは「主よ、どこへ行かれるのか、わたしたちには分かりません。どうして、その道を知ることができるでしょうか」と、心配気に尋ねます(ヨハ14・4－5)。このトマスの忠実さを、イエスは忘れませんでした。迷い出た羊を捜す羊飼いのたとえ(ルカ15・4－7)のように、イエスはトマスを連れもどすためにやってきます。

「あなたの指をここに当てて、わたしの手を見なさい。また、あなたの手を伸ばし、わたしのわき腹に入れなさい」と、復活の主がトマスに言います。「わき腹に手を入れる」とは、ただ傷あとを確かめるというだけではなく、教父たちが解釈しているように、イエスの最内奥の心に触れることを象徴していると言ってもよいでしょう。

トマスはここで、「わたしの主、わたしの神よ」と叫びます。それは、ヨハネ福音書の著者が福音書の最後に結論として述べたかったイエスへの信仰を、トマスの口に載せて告白しているのだ、と理解してよいでしょう。この物語のすぐ後で、著者は福音書の結語として、「これらのことが書かれたのは、あなたがたが、イエスは神の子メシアであると信じるためであり、また、信じてイエスの名により命を受けるためである」（ヨハ20・31）と記しています。ヨハネ福音書は、元はここで終わっていて、次に続く二十一章は、著者の死後その友人か弟子によって書き加えられた補遺と推測されています。

3　復活の主との出会いと聖霊の働き

ここまで福音書の中から二つの出現物語を取りあげて、復活の主との出会いが弟子たちにとって主のほうから働きかけた客観的なできごとであったこと、それを通して弟子たちが聖霊を受け、救いの神秘を理解し、信仰を与えられたことを見ました。それは単なる弟子たちの希望の投影とか、幻視とか、主観的な現象としては説明できません。
さて、パウロは復活の主と出会ったときの体験をどのように叙述しているでしょうか。彼は、あのダマスコ途上のできごとが神さまからの啓示であったこと（ガラ1・12、二コリ12・7参照）、それによって使徒として召されたことを確信しています。

わたしを母の胎内にあるときから選び分け、恵みによって召し出してくださった神が、御心のままに、御子をわたしに示して、その福音を異邦人に告げ知らせるようにされた（ガラ1・15－16）。
わたしは自由な者ではないか。使徒ではないか。わたしたちの主イエスを見たではないか。あなたがたは、主のためにわたしが働いて得た成果ではないか（一コリ9・1）。

パウロは、復活の主との出会いを神さまからの特別な啓示のできごととして理解しています。使徒たちやパウロの経験した復活の主との出会いは、キリスト教信仰と教会の創設をもたらした啓示のできごとだった、と言うことができるでしょう。わたしたちにはただ使徒たちの証言を信じることのほかは、それを理解するすべがありません。

しかし、人間の認識というものの構造を根本的に考えてみると、使徒たちに与えられた啓示も、決して天から降ってきて、外から与えられたという類いのものではありません。やはり使徒たちが生まれたときから与えられていた素地、つまり啓示を受けとめることのできる能力というものがなければ可能ではなかったでしょう。それは、あたかも鍵というものが、その鍵を差し込む鍵穴があって初めて意味をもつようなものです。神さまは啓示（鍵）をお与えになるとき、あらかじめ人間に神さまのことばを受けいれる素地（鍵穴）を植えつけてくださっています。

同じことが、わたしたち自身の信仰についても言えます。わたしたちが使徒たちの証言を受けいれることができるのは、わたしたち自身の心に使徒の証言を受けいれる素地が備わっているからです。それは、人間が意識しようとしまいと、生まれたときから与えられている「永遠のいのち」への希望だと言ってよいでしょう。使徒たちの証言は、わたしたちの心に備わっている永遠のいのちへの希望に訴えかけます。わたしたちは一人ひとり、この証言を受けいれたときに、イエス・キリストの復活への信仰をもつようになります。

わたしたちキリスト者は、洗礼を受けたとき聖霊をいただき、主イエス・キリストの死と復活に参与するものとなる、と信じています。しかし、実はわたしたちが福音を受けいれ、洗礼を受けるように決意したときには、すでに聖霊はわたしたちの中に働いていたのです。聖霊の導きによって、わたしたちはいつもわたしたちとともにおられる主イエス・キリストに出会います。洗礼のときに、この出会いは確実なものとされ、わたしたちは「キリスト者」となります。

わたしたちが他の人々に信仰を伝えるときも、同様ではないでしょうか。福音の言葉は、決して人間の心にまったく外から与えられるのではなく、すでに神さまが一人ひとりの人間に与えておられる永遠のいのちへの希望があるからこそ、その人はわたしたちの信仰の証言に共鳴できるのです。

だから、わたしたちがもし人の心に触れるような言葉を語ることができるとすれば、それは決して自分の力によるものではありません。その人の心に働きかけるのは聖霊であって、わたしたちはそのための道具として使っていただくにすぎません。

暮らしの中で

イースターの祝い

キリスト教の一年の行事の中で、いちばんよく知られているのは「クリスマス」（キリストの降誕祭）です。世界中で祝われるので、日本でもクリスマスを知らない者はいません。しかし、日本ではあまり知られていなくても、キリスト者にとっては「イースター」（キリストの復活祭）こそが信仰の根幹にかかわる、いちばん大切な祝いです。主キリストの死がわたしたちを罪の力から解放し、キリストの復活がわたしたちに神の子のいのちを与えるものだからです。

復活祭は、四世紀頃から、全世界で、春分の日の次の満月を待ち、その直後の日曜日に祝うことが決められています。そのために、復活祭は月の満干によって、毎年移動します。

復活祭の前の一週間は「聖週間」と呼ばれていて、カトリック教会では復活祭の直前の荘厳な典礼を行う伝統があります。「聖木曜日」の夕方には、「主の晩餐の夕べ」のミサが祝われ、主イエスが弟子たちとの別れの食事の中で、「主の晩餐」の儀式を制定したことを記念します。「聖金曜日」は、イエスの受難と死を記念する日で、午後の典礼では受難物語が朗読され、十字架の崇敬の儀式が行われます。

そして「聖土曜日」の夜には、「復活徹夜祭」が祝われます。聖堂の外で復活の大ろうそくが点火され、大ろうそくを先頭に信徒たちが行列して聖堂に入ります。かつてモーセに率いられたイスラエルの民が紅海を渡って約束の地に至ったこと（出エジプト14章参照）を記念し、キリストが死に打ち勝ってわたしたちにいのちをもたらしてくださったという、「過越の神秘」が祝われます。

この美しい伝統は、ただカトリック教会の内輪の祝いにとどめておかず、関心のある方にはだれでも、聖週間の典礼に招いてあげたらどうでしょう。キリスト教の本質を知るために、とてもよい機会だからです。

わたしはかつて助祭に叙階されたときに、復活徹夜祭のために近くの教会のお手伝いに送られたことを覚えています。復活の大ろうそくが点火され、これをもって行列の先頭をいくのが助祭の役割です。助祭は行列のあいだに三度、ラテン語で「ルーメン・クリスティ Lumen Christi」（キリストの光）と歌い、会衆が「デオ・グラチアス Deo gratias」（神に感謝）と答えます。最後に祭壇の脇に大ろうそくが立てられ、その前で助祭は「復活賛歌」を歌います。

第二バチカン公会議の後、邦訳され、日本語で歌われるようになりましたが、以前はすべてラテン語でした。ラテン語の復活賛歌は、長文にわたるものですが、アウグスティヌスの作と言われていて、たぶんカトリック教会の典礼の最高傑作と言っても言い過ぎではない、すばらしい内容のものです。その中で、「このような贖《あがな》い主をいただいた、さいわいな罪よ」という、大胆な表現も出てきます。わたしは途中で何度も音をはずしましたが、汗だくになって歌ったのを思いだします。

今日でも、この復活賛歌を聞いて、今年も復活祭がきた、と感じます。このときに祝別され、点火される大ろうそくは、復活祭の後も、洗礼式とか、葬儀ミサとか、さまざまな機会に点火されます。主キリストがいつもわたしたちとともにおられ、世の闇を照らす光であることを思い起こさせます。

第十二章　昇天と聖霊降臨

前章では復活の主の出現物語を取りあげ、復活の主と出会った弟子たちが、イエスの死と復活の意味を理解した経緯を見ました。彼らが理解したのは、父である神がイエスを受難と死に渡されて、わたしたちの罪を贖《あがな》ってくださったこと、またイエスを死者の中から復活させて、わたしたちに神の子のいのちを与えてくださったことです。さて、本章ではルカの伝える主の昇天と聖霊降臨というできごとを取りあげ、三位一体の信仰について学びましょう。

1 「主の昇天」とは

ルカは、主の昇天を一つの物語として語ります。しかも、福音書の末尾と二部作の使徒言行録の始めに、二度に渡って記します。まず、これを比べてみましょう。

イエスは、そこから彼らをベタニアの辺りまで連れて行き、手を上げて祝福された。そして、祝福しながら彼らを離れ、天に上げられた。彼らはイエスを伏し拝んだ後、大喜びでエルサレムに帰り、絶えず神殿の境内にいて、神をほめたたえていた（ルカ

24・50－53）。

こう話し終わると、イエスは彼らが見ているうちに天に上げられたが、雲に覆われて彼らの目から見えなくなった。イエスが離れ去って行かれるとき、彼らは天を見つめていた。すると、白い服を着た二人の人がそばに立って、言った。「ガリラヤの人たち、なぜ天を見上げて立っているのか。あなたがたから離れて天に上げられたイエスは、天に行かれるのをあなたがたが見たのと同じ有様で、またおいでになる」（使1・9－11）。

同じ著者が同じできごとを二度以上記していることは、物語の読み方を学ぶためによい機会となります。二つのあいだの表現の一致と相違を知ることによって、何が著者の伝えたいメッセージの中核なのか、何が物語を脚色する表現手段にすぎないのかを区別することができるからです。たとえば、使徒言行録で記されている「雲に覆われて」は神の栄光のシンボルであり、「白い服を着た二人の人」は古代の演劇に登場するように、解説する天使のことです。

「上げられる」という表現は、「神の右に上げられ」（使2・33、5・31）「神はキリストを高く上げ」（フィリ2・9）などにみられるように、復活を表す表象の一つでした。昇天の物語を伝えるのはルカによる福音書と使徒言行録、そしてマルコ福音書の末尾（ルカを参照した後代の補記）だけですから、主の昇天の物語は主としてルカによって伝えられた復活の主の出現物語の一つだとみなしてもよいでしょう。

ただ、「主の昇天」で強調されているのは、主がわたしたちに先立って天を開き、わたしたちのために場所を用意してくださった（ヨハ14・2－3参照）、ということです。イエスは死者の復活の初穂（一コリ15・20）として、わたしたちに先がけて神さまの栄光にあげられたことによって、わたしたちもいつの日かその栄光にあずかることができることを約束してくださっています。

現在のカトリック教会の典礼暦の中で、復活祭の後の四十日目に「昇天祭」を祝うのは、ルカの記述に基づいています。「ニケア・コンスタンチノープル信条」にも、「天に昇り、父の右の座に着いておられます」と言われ、また「使徒信条」にも、「天に昇って、全能の父である神の右の座に着き」と言われます。「神の右の座」は、詩編110の言葉で、神さまの全権を委ねられ、わたしたちのために取りなしてくださることを表現しています（マコ14・62、ロマ8・34参照）。

2　聖霊降臨とは

さらにルカは、使徒言行録の中で、復活の主の出現のできごととは区別して、弟子たちへの聖霊の降臨を別個に描いています。これを見ておきましょう。

五旬祭の日が来て、一同が一つになって集まっていると、突然、激しい風が吹いて来るような音が天から聞こえ、彼らが座っていた家中に響いた。そして、炎のような舌が分かれ分かれに現れ、一人一人の上にとどまった。すると、一同は聖霊に満たされ、〝霊〟が語らせるままに、ほかの国々の言葉で話しだした。

さて、エルサレムには天下のあらゆる国から帰って来た、信心深いユダヤ人が住んでいたが、この物音に大勢の人が集まって来た。そして、だれもかれも、自分の故郷の言葉が話されているのを聞いて、あっけにとられてしまった。人々は驚き怪しんで言った。「話をしているこの人たちは、皆ガリラヤの人ではないか。どうしてわたしたちは、めいめいが生まれた故郷の言葉を聞くのだろうか。……（中略）……」

人々は皆驚き、とまどい、「いったい、これはどういうことなのか」と互いに言った。しかし、「あの人たちは、新しいぶどう酒に酔っているのだ」と言って、あざける者もいた（使2・1－8、12－13）。

「五旬祭」とは、過越祭から五十日目の祭りで、「刈り入れの祭り」とも呼ばれ、小麦の収穫を祝う祭りです。「一同が一つになって集まっている」と述べられていますが、「一同」とは前後関係から見ると、十二人とイエスの母マリアとイエスの兄弟たちのことでしょう（使1・13－14参照）。そこへ聖霊が激しい風の音とともに、炎のような舌の形をもって現れます。もともと聖霊は、その原語が「風」という言葉なのですから、聖霊の力強い働きが激しい風の音で描写されています。「炎の舌」は、神のことばを語らせる働きを表しています。そして、弟子たちが聖霊に満たされて、集まってきた人々に彼らの母国語で話し始め、ここに教会が誕生するという様子がドラマティックに描かれています。

このできごとは、使徒言行録の他には、新約聖書の中ではどこにも報告されていません。あるいは、パウロがコリントの信徒にあてた手紙で、「次いで、五百人以上の兄弟たちに同時に現れました」（一コリ15・6）と書いていることが、これにあたるのかもしれません。

いずれにせよ、「ヨハネによる聖霊降臨」（ヨハ20・22参照）を見たときに述べたように、聖霊の授与は復活の主との出会いのできごととは、切り離して考えることはできません。

この叙述に続いて、ルカはペトロが力強く説教をする様子を描いています（使2・14－36）。もちろん当時は録音機があったわけではなく、速記した人もいなかったでしょうから、これは多分にルカの創作になるものですが、当時の説教のパターンをよく伝えています。原始の教会でなされた説教は、ユダヤ人たちを説得するために、旧約聖書のさまざまな箇所を引用し、それらがイエスの死と復活をあらかじめ指し示していたのだ、と語るのが常套手段でした。

するど、ペトロは十一人と共に立って、声を張り上げ、話し始めた。「ユダヤの方々、またエルサレムに住むすべての人たち、知っていただきたいことがあります。わたしの言葉に耳を傾けてください。……（中略）……ナザレの人イエスこそ、神から遣わされた方です。神は、イエスを通してあなたがたのあいだで行われた奇跡と、不思議な業と、しるしとによって、そのことをあなたがたに証明なさいました。あなたがた自身が既に知っているとおりです。このイエスを神は、お定めになった計画により、あらかじめご存じのうえで、あなたがたに引き渡されたのですが、あなたがたは律法を知らない者たちの手を借りて、十字架につけて殺してしまったのです。

しかし、神はこのイエスを死の苦しみから解放して、復活させられました。イエスが死に支配されたままでおられるなどということは、ありえなかったからです。……(中略)……わたしたちは皆、そのことの証人です。それで、イエスは神の右に上げられ、約束された聖霊を御父から受けて注いでくださいました。あなたがたは、今このことを見聞きしているのです(使2・14、22-24、32-33)。


これを聞いて、多くの人々が心を打たれ、回心し、洗礼を受けて、仲間に加わりました(使2・37-42)。こうして、キリストの教会が生まれました。その時にはまだ「教会」としての組織はなく、建物も職制もなく、新約聖書の諸文書も書かれる前のことです。「原始教会」と呼ばれるのは、それが発展して、後の教会になった、という意味です。

このルカの叙述の仕方は、後の教会の典礼暦に影響を及ぼして、現代でもわたしたちは復活節の最後に、「聖霊降臨祭」を祝っています。

3　聖霊とは

これまでにも見てきましたが、旧約聖書の中で、「霊」を表す原語のヘブライ語「ルアーハ ruach」は、「息」や「風」を意味しています。風は目に見えないけれども、肌に感じられ、木々を揺り動かします。古代のイスラエルの民は、そういうものの中に森羅万象を生かしている神さまの働きを感じたのでしょう。

「創世記」の冒頭には、「初めに、神は天地を創造された。地は混沌であって、闇が深淵の面にあり、神の霊が水の面を動いていた」（1・1－2）と言われます。この箇所は「神の風（もしくは）息が水の上に吹きあれていた」、とも訳することができるでしょう。また詩編には、「御言葉によって天は造られ、主の口の息吹によって天の万象は造られた」（33・6）と言われます。この「息吹」はやはり「霊」という同じ言葉です。

また、この神さまの霊は、神さまによって選ばれた預言者とか王とか、特別の使命を受けた者に注がれ、その使命を実行するために与えられる力として描かれています。イザヤ書には、「エッサイの株からひとつの芽が萌えいで、その根からひとつの若枝が育ち、その上に主の霊がとどまる。知恵と識別の霊、思慮と勇気の霊、主を知り、畏れ敬う霊」（11・1－2）と言われます。

また、詩編作者は祈ります。「神よ、わたしの内に清い心を創造し、新しく確かな霊を授けてください。御前からわたしを退けず、あなたの聖なる霊を取り上げないでください。御救いの喜びを再びわたしに味わわせ、自由の霊によって支えてください」（詩51・12－14）。「霊」は、神さまがわたしたちの中に働いて、わたしたちを新たにし、生かしてくださるという働きのことです。

イエスの時代には、世界の共通語はギリシア語でしたから、ヘブライ語の「霊」という言葉は、ギリシア語で「プネウマ pneuma」と翻訳されました。しかし、ギリシア語に翻訳されると、すでにあったギリシア哲学の「プネウマ」という概念と混同されがちでした。一つの外国語の言葉を自国の言葉で翻訳した瞬間に、その言葉がもともともっていた意味が混入してしまうものです。日本語で「霊」という言葉に翻訳したのは明治時代ですが、この訳語を用いた瞬間に、この言葉がもっているさまざまなイメージが影響して、おどろおどろしい霊界の想像が混入しがちです。しかし、わたしたちはいつも聖書で言われている元の意味は何か、ということを考えなければなりません。

新約聖書の中でも、霊は神さまの目に見えない働きのことで、まずは主イエスが聖霊によって処女マリアに宿ったと言われます（マタ1・18、20、ルカ1・35）。また、イエスが洗礼者ヨハネから洗礼を受けたときには、聖霊がイエスの上に降ったと書かれています（マコ1・10）。聖霊に導かれて、イエスは神の国の福音を宣べ伝えに出かけていきます。聖霊の力によって、イエスは人々の病を癒やし、悪霊を追い出します。聖霊に支えられて、イエスは最期の苦しみに耐えて、自分のいのちを十字架上でささげました。

そして、この聖霊の力によって、イエスは死者の中から復活させられます。パウロは、「もし、イエスを死者の中から復活させた方の霊が、あなたがたの内に宿っているなら、キリストを死者の中から復活させた方は、あなたがたの内に宿っているその霊によって、あなたがたの死ぬはずの体をも生かしてくださるでしょう」（ロマ8・11）と、復活の約束も聖霊の力によると書いています。

この聖霊は「イエス・キリストの霊」とも呼ばれます。それは、イエス・キリストの死と復活を通して、この霊が神からの贈り物としてわたしたちに与えられたからです。ヨハネ福音書では、イエス自身が弟子たちとの別れの食事の席で語った言葉として、次のように述べられています。「わたしは父にお願いしよう。父は別の弁護者を遣わして、永遠にあなたがたと一緒にいるようにしてくださる。この方は、真理の霊である。世は、この霊を見ようとも知ろうともしないので、受けいれることができない。しかし、あなたがたはこの霊を知っている。この霊があなたがたと共におり、これからも、あなたがたの内にいるからである」（ヨハ14・16－17）。ここで「弁護者」とは、迫害や権力者による断罪の中でも弟子たちを弁護し、守ってくれる方、という意味です。聖霊がどのような迫害にも耐える力を与えてくれるという約束です。

この聖霊こそが、イエスの言葉を弟子たちに理解させました。また聖霊は、世界に福音を宣べ伝えるために弟子たちを派遣しました。この聖霊が弟子たちを強めて、世界中に福音を宣べ伝えさせ、キリスト者の共同体「教会」というものが生まれました。聖霊は、いつも一人ひとりの信仰者に息吹いていて、主とわたしたちを一つに結び、またわたしたちを互いに結んで、一つの交わりを作ります。この交わりが教会にほかなりません。

4　ニケア・コンスタンチノープル信条と使徒信条

さて、聖霊の導きと照らしによって、イエスの弟子たちはイエスを「神の子キリスト」

と信じました。この方こそ、父である神さまが世の救いのためにお遣わしになった方、その死と復活によって人類を罪と死の支配から救い、神の子のいのちを与えてくださった方、そして、父である神さまのもとにあり、わたしたちのために取りなしてくださる方として理解しました。

弟子たちを中心に仲間が増え、ユダヤ世界を越えて異邦人にも宣教を開始し、教会が少しずつ組織化されていくにつれ、このイエス・キリストへの信仰を正しく守り、伝えるために、正統信仰の内容を「信条」という形でまとめ、共同体で一緒に唱えるようになりました。教会の歴史の中で、幾つもの信条が作られましたが、現在のキリスト教会にも一般に守られているのは「ニケア・コンスタンチノープル信条」と「使徒信条」です。

「ニケア・コンスタンチノープル信条」は、三二五年、ニケアで開かれた初めての公会議で宣言された信仰告白を、三八一年、コンスタンチノープルで開かれた第二回公会議で補足したものです。

わたしは信じます。唯一の神、全能の父、天と地、見えるもの、見えないもの、すべてのものの造り主を。

わたしは信じます。唯一の主イエス・キリストを。主は神のひとり子、すべてに先立って父より生まれ、神よりの神、光よりの光、まことの神よりのまことの神、造られることなく生まれ、父と一体。すべては主によって造られました。主は、わたしたち人類のため、わたしたちの救いのために天からくだり、聖霊によって、おとめマリアよりからだを受け、人となられました。ポンティオ・ピラトのもとで、わたしたちのために十字架につけられ、苦しみを受け、葬られ、聖書にあるとおり三日目に復活し、天に昇り、父の右の座に着いておられます。主は、生者《せいしゃ》と死者を裁くために栄光のうちに再び来られます。その国は終わることがありません。

わたしは信じます。主であり、いのちの与え主である聖霊を。聖霊は、父と子から出て、父と子とともに礼拝され、栄光を受け、また預言者をとおして語られました。わたしは、聖なる、普遍の、使徒的、唯一の教会を信じます。罪のゆるしをもたらす唯一の洗礼を認め、死者の復活と来世のいのちを待ち望みます。アーメン。

福音が広くローマ帝国内に伝えられるにしたがって、イエス・キリストへの真正な信仰がさまざまな宗教や哲学の影響によって歪められる危険があったので、まずニケア公会議では、初めて聖書にはないギリシア哲学の言葉を用いて、イエス・キリストがだれであるかを定義しました。

「父と一体」という言葉は、父と「同一本質」の方とも訳されます。ただ単に預言者の一人として神さまから遣わされたのではなく、父である神さまを最終・決定的な形でわたしたちに仲介してくださる方、という意味です。

さらに、コンスタンチノープル公会議では、聖霊について定義して、「主であり、いのちの与え主である聖霊を。聖霊は、父と子から出て、父と子とともに礼拝され、栄光を受け、また預言者をとおして語られました」という言葉で説明しました。こうして、三位一体の信仰が教義としてうたわれたのです。

一方、「使徒信条」の方は、今の形は八世紀になってから現れ、西方教会でしか使われていませんが、より簡潔なので、普及するようになりました。

天地の創造主、全能の父である神を信じます。

父のひとり子、わたしたちの主イエス・キリストを信じます。主は聖霊によってやどり、おとめマリアから生まれ、ポンティオ・ピラトのもとで苦しみを受け、十字架につけられて死に、葬られ、陰府《よみ》に下り、三日目に死者のうちから復活し、天に昇って、全能の父である神の右の座に着き、生者と死者を裁くために来られます。

聖霊を信じ、聖なる普遍の教会、聖徒の交わり、罪のゆるし、からだの復活、永遠のいのちを信じます。アーメン。

ニケア・コンスタンチノープル信条も使徒信条も、どちらも父と子と聖霊という三位一体への信仰を明確に表現しています。今日に至るまで、カトリック教会では典礼の中で、この二つのどちらかを用いることにしています。とくに洗礼や堅信の秘跡の中では、これらの信条を公に告白することが求められますから、秘跡を受ける前にその意味内容を学んでおくことが必要です。

5 三位一体への信仰

以上のように教会の歴史の中で作られた信条は、その時々の民族と時代の人々に理解できるように表現しなおされました。現代のわたしたちも、新約聖書に伝えられる使徒たちの信仰を原点として、絶えずわたしたちの社会の人々に理解できるように、イエス・キリストへの信仰を新しく表現しなければなりません。

古代の教会の信条では、三位一体への信仰に強調点が置かれています。この「三位一体」という言葉それ自体は聖書にはなく、ギリシア哲学の言葉を用いて表現したもので、神さまの中に三つの独立した自立存在である「位格」があり、ともに唯一の神さまの本質を共有していることを言います。それは、決して唯一の神さまへの信仰と矛盾するものではなく、むしろイエス・キリストの啓示によって唯一の神さまの本質をいっそう深く極めた信仰です。

しかし、わたしたちはこのようなむずかしい哲学の議論ではなく、むしろごく素朴なイエス・キリストへの信仰を大切にして、これを人々に伝えることが大切です。本書で見てきたように、聖霊によってわたしたちは主イエスと結ばれ、主イエスとともに父である神さまを讃《たた》えます。そして、父である神さまは独り子イエスを愛するその同じ愛をもって、聖霊によって主イエスと結ばれているわたしたちをも愛してくださっています。それは、イエス・キリストの救いのわざに現れた三位一体の構造にほかなりません。

三位一体という言葉はむずかしいですし、説明することもむずかしいのですが、その信仰はごく素朴で簡単です。神さまはたった一人で超越の彼方におられる方ではなく、愛そのものであられ、ご自分を分かちあたえようとされる方です。御子をわたしたちのところにお遣わしになり、わたしたちの罪をゆるして、ご自分とのいのちの交わりに招いてくださっている方です。

この三位一体を人に説明するには、「主の祈り」を例として用いるとよいかもしれません。「主の祈り」には、イエス・キリストの名も、聖霊の名も出てきませんから、神さまを信じる人々なら抵抗なく唱えることのできる祈りです。しかし、実は「主の祈り」はすぐれて三位一体の構造をもった祈りです。

「主の祈り」は、ただ単に「主が教えてくださった祈り」というだけではありません。それだけではなく、わたしたちがこの祈りを唱えるとき、復活された主キリストがいつもわたしたちのただ中におられ、わたしたちとともに父である神さまに祈りをささげてくださっています。わたしたちは聖霊において、時間と空間を超えて主イエスと結ばれ、主イエスとともに「アッバ、父よ」と叫びます。そして、独り子に向かって注がれる父の愛は、聖霊において独り子イエスと結ばれているわたしたちにも、同じように注がれます。これが「主の祈り」を唱えるときに、そのつど実現する三位一体の交わりです。

暮らしの中で

十字を切る習慣

カトリック教会の古来の慣習で、祈りの前後に十字を切るしぐさがあります。「父と子と聖霊のみ名によって、アーメン」と言いながら、右手をそろえて額から胸、左肩から右肩に触れます。これは、三位一体の神さまへの、もっとも素朴で、簡単な賛美の祈りです。朝目覚めたら、床の上でまず十字を切って、一日を神さまにおささげしましょう。また夜休む前には、また十字を切って、一日を感謝し、朝を迎えるまで、自分を神さまのみ手にお委ねしましょう。ふだんは翌朝も目覚めることを当然と思っているわたしたちですが、本当はだれにもわからないのです。

わたし個人の思い出ですが、下関の教会でお勤めしていたとき、ある年配の信者さんが病に倒れました。臨終だというので、司祭のわたしが呼ばれたのですが、彼はもう虫の息で、意識はなく、呼んでも返事がありませんでした。しかし、わたしが病者の塗油を授けようとして、「父と子と聖霊のみ名によって」と言って十字を切ったとき、彼の手が動き、十字を切ろうとしました。昔から毎日、十字を切って祈る習慣があったから、もう口はきけなくなっても、手は祈ることを知っていたのです。一緒にいた人々も、深い感動を覚えました。

付論　教義のキリスト論

これまで新約聖書をテキストとして、「イエスはだれであるか」という問いに対して、弟子たちが少しずつ理解するようになっていった過程を学びました。彼らは、この信仰をイエスは「神の子キリストである」と表現しました。さて、この信仰を求道者に伝える立場の人は、さらに新約聖書の中にキリスト論が形成された経緯と、教会の歴史の中で発展した教義としてのキリスト論の概略を理解しておかなければならないでしょう。本書の最後に、これを付論として考察することにしましょう。

1　新約聖書のキリスト論

①　共観福音書のキリスト論

マルコ福音書によれば、イエス自身が弟子たちに「あなたがたはわたしを何者だと言うのか」と尋ねたとき、ペトロが「あなたは、メシアです」と答えます（マコ8・29）。マタイ福音書の並行箇所では、「あなたはメシア、生ける神の子です」と、一言付加されています（マタ16・16）。

もともと「イエス・キリスト」とは、「イエスはキリストである」という、イエスに対するもっとも短い信仰告白でした。しかし、「キリスト」と言っても、その意味は歴史の中で変遷しましたから、キリスト者はイエスへの信仰を「神の子キリスト」、「主キリスト」と、一言付加して表現しました。

マルコ福音書は、その冒頭に、「神の子イエス・キリストの福音の初め」（マコ１・１）と明言しています。また、イエスの洗礼の場面では、「あなたはわたしの愛する子、わたしの心に適《かな》う者」という天からの声があったと記しています（マコ１・11）。変容の場面では、天からの声は弟子たちに向けられて、「これはわたしの愛する子。これに聞け」と記しています（マコ９・７）。また、最高法院による裁判の場面では、大祭司が「お前はほむべき方の子、メシアなのか」という問いに対して、イエス自身が「そうです。あなたたちは、人の子が全能の神の右に座り、天の雲に囲まれて来るのを見る」と答えたと記しています（マコ14・61－62）。最後に、イエスが十字架上で息絶えたとき、一部始終を見ていた百人隊長が、「本当に、この人は神の子だった」と言ったと記しています（マコ15・39）。

これらの記述は、福音書の著者の信仰告白の言葉だと理解してよいでしょう。共観福音書ではイエスは神から遣わされ、神の国が間近に迫っていることを告げ、神の民イスラエルに回心を呼びかけました。その意味で、イエス自身が神の国の宣教者です。そして、復活したイエスは弟子たちに、自分に代わって神の国の宣教を継続するように命じています（マタ28・18－20、ルカ24・46－48）。

② パウロのキリスト論

パウロは、その手紙の多くの箇所で、イエスが神さまの愛する独り子であって、永遠の計画によって、わたしたちの救いのために遣わされたこと、十字架の上でわたしたちの罪のためにいのちをささげ、わたしたちに神の子としてのいのちを与えたこと、全能の父である神さまによって死者の中から復活させられ、父の栄光の中に挙げられ、いつもわたしたちのために取りなしてくださることを述べています（ロマ3・21－26、6・3－11、8・32－39参照）。

共観福音書ではイエスは神の国を宣教する者ですが、パウロの手紙ではイエスは宣教される者、宣教の対象とされています。そして、「御子は、肉によればダビデの子孫から生まれ、聖なる霊によれば、死者の中からの復活によって力ある神の子と定められた」（ロマ1・3－4）と述べられています。イエスの死と復活こそが福音の中心です。

そして、パウロは父である神さまを、「わたしたちすべてのために、その御子をさえ惜しまず死に渡された方」（ロマ8・32）と呼んでいます。それはわたしたちの歴史の中に起こったできごとでありながら、永遠の神さまの本質にかかわるできごとでもあります。神さまはイエスのできごとを通して、ご自分がどのような方であるかを啓示なさった、と言ってもよいでしょう。後の教会の教義は、このパウロの信仰理解に基づいています。

③　ヨハネのキリスト論

ヨハネ福音書の著者は、復活していつもわたしたちとともに臨在する主キリストを意識して、これを前提にして福音書を書いています。父である神さまの独り子が肉となられたこと（ヨハ1・14）、この方こそ世に真理といのちをもたらす方であること、父である神さまと一つであり、わたしたちに聖霊を送り、わたしたちをもその交わりに招き入れてくださる方であること（とくにヨハネ17章参照）が強調されています。

原始教会の誕生からヨハネ福音書までの七十年足らずのあいだに、キリスト理解の主要な発展がなされました。その後の教会のキリスト論はただ時代の要求に応えて、使徒たちの教えを理論化したにすぎません。

2　神の子の「先在」

ここでもう一つ、パウロやヨハネのキリスト論に見られる「先在」の思想について見ておきましょう。「先在」とは、世界の創造に先立って存在しているということです。まず、ヨハネ福音書の冒頭には、よく知られた次のような言葉があります。

初めに言《ことば》があった。言は神と共にあった。言は神であった。この言は、初めに神と共にあった。万物は言によって成った。成ったもので、言によらずに成ったものは何一つなかった。言の内に命があった。命は人間を照らす光であった」（ヨハ１・１－４）。

古来、この箇所はさまざまに解釈され、今日に至っています。二世紀のエイレナイオス以降の伝統的な解釈では、「言」（ことば、ギリシア語のロゴス logos）は、天地創造に先立って神のもとにあった神の独り子のこと、と理解されるのが常です。しかし、この解釈はギリシア世界にあった宇宙の原理である「ロゴス」という考え方に影響されていて、はたしてヨハネ福音書の著者の言おうとしていたことであるかは、疑問の余地があります。ヨハネ福音書の著者は、ここで福音書の序文を書いているのであり、福音書の中で述べられるイエスの生涯と教えを要約している、と考えられるからです（小林稔『ヨハネ福音書のイエス』（岩波書店　二〇〇八年参照）。むしろ、福音書の著者は「ロゴス」という言葉を使って、具体的な歴史の人物ナザレのイエスのことを言っている、と理解すべきでしょう。

なぜイエスのことを「ロゴス」と呼んだのかと言えば、イエスを通して神さまの決定的なことばが語られたこと、イエスを通して神さまがご自身を啓示なさったことを表現したかったからでしょう。

そう理解しますと、冒頭の「初めに」は、天地創造の初めのことではなく、むしろ福音書の著者が思い起こしているイエスとの最初の出会いのことではないでしょうか。この出会いが弟子たちの信仰の始まりであり、キリスト者共同体（後の教会）の始まりでした。

さらに、「万物は言によって成った」という句の「万物」とは（原文のギリシア語ではパンタ panta と、定冠詞なしに言われているので）、天地創造によって造られた被造物を言うのではなく、キリストとの出会い以後のすべてのできごと（神の啓示のわざ）を指しているると思われます。この句は、「すべてのできごとは、彼を介して起こった」と訳すべきではないでしょうか。

さらに続く、「成ったもので、言によらずに成ったものは何一つなかった。言の内に命があった」という新共同訳は（写本の研究の結果、句の区切り方が違っているので）、むしろ、「彼をさしおいては、何一つなされなかった。彼においてなされたこと（啓示のわざ）が命であった」と訳すべきではないでしょうか。

もっとも、福音書の著者は「世は言によって成った」（同上1・10）と述べていますし、また八章に出るユダヤ人たちの論争では、著者はイエスに、「アブラハムが生まれる前から、『わたしはある』」（8・58）と語らせています。そこには、確かに「先在」思想があるのは疑えません。著者は、絶えず復活の主キリストの臨在を意識しつつ書いており、歴史のイエスと復活の主キリストとが二重写しになっています。このことはまた過去について、アブラハムや太古の先祖たちについても同じように意識されて、著者の意識の中には、いわば過去・現在・未来が一つになっているのでしょう。

パウロの名によって書かれたコロサイの信徒への手紙では、次のように述べられていますが、これも、同様に理解してよいでしょう。

御子は、見えない神の姿であり、すべてのものが造られる前に生まれた方です。天にあるものも地にあるものも、見えるものも見えないものも、王座も主権も、支配も権威も、万物は御子において造られたからです。つまり、万物は御子によって、御子のために造られました（コロ1・15－16）。

神学者カール・ラーナーは、神さまは天地を創造するに先立って、人間が自由を乱用して罪を犯すことも予知しておられたが、しかし、キリストによる贖《あがな》いをも予知しておられたと考えます。そうであれば、神さまの永遠の計画の中に主キリストの贖いが予定され、それによって人間と被造物が救われることも予定されていたのでしょう。その意味で、「万物は御子によって、御子のために造られました」ということが理解できるのではないでしょうか。

3　ヘレニズム世界の宗教と哲学との対決

キリストの教会はユダヤ世界から出て、ヘレニズム世界へと広がっていきましたが、その過程でどうしてもヘレニズムの哲学や宗教の影響を受け、さまざまな異端と対決しなければなりませんでした。使徒たちから受け継いだ正統信仰を守るために尽力したのが、教父たちでした。

とくに古代世界では、「グノーシス主義」と呼ばれる思想が流行し、肉体や物質的なものを軽視し、純粋に霊的なものだけを尊ぶ傾向が出てきました。そのため、イエス・キリストはただ身をやつして人間の姿を取っている神さまなのだとする、「キリスト仮現説」が唱えられるようになりました。キリストの神性が強調されるあまり、その人間性が軽視されるという危険は、今日に至るまでキリスト教信仰に陰を落としています。

①ニケア公会議(三二五年)のキリスト論

四世紀になって、アレイオス（アリウス）という人物は厳格な一神教の立場を取るあまり、イエス・キリストは神さまから特別に選ばれた第一の被造物だという「キリスト従属説」を唱え、大きな影響を及ぼしました。

これに対して三二五年、初めての公会議がニケアで開かれ、アレキサンドリアのアタナシオスの活躍によって、アリウス主義が排斥されました。公会議はこのとき、キリストが

「造られずに生まれ、父と同一本質の方」であるという教義を宣言しました。これは、初めて聖書以外のギリシア哲学の概念である「同一本質」（ギリシア語でホモウージオスhomoousios）という言葉をもってキリストを説明する試みでした。

ニケア公会議の教義は、さらにコンスタンチノープルで開かれた第二回公会議（三八一年）によって補足され、聖霊が「父から出て」とうたい（後のカトリック教会は「父と子から出て」と加筆したのですが）、正統信仰の三位一体論が完結しました。これが現在のわたしたちが知っている「ニケア・コンスタンチノープル信条」です。

②カルケドン公会議(四五一年)のキリスト論

その後もイエス・キリストの神性と人間性とのかかわりが議論されました。エフェソで開かれた第三回公会議（四三一年）では、キリストの二つの本性の区別を強調したネストリオスが、聖母マリアを「神の母」ではなく「キリストの母」と呼ぶべきだと主張しましたが、アレキサンドリアのキュリロスらによって反駁《はんばく》されました。ここで、聖母マリアを「神の母」と呼ぶことの正統性が定義されました。「神の母」とは、「神である方を生んだ方」という意味で、キリストが真に神であり、真に人であることからくる結論でした。

エフェソ公会議によってキリスト論の論争は終結せず、キリストは人間性を受けとった後はただ神性だけをもつという、「キリスト単性説」が台頭することになりました。しかし、カルケドンで開かれた第四回公会議（四五一年）はこれを退け、イエス・キリストは「神性においては父と同一本質であると同時に、人間性においてはわたしたちと同一本質」と定義しました。

「われわれの主イエス・キリストは唯一・同一の子である。同じ方が神性において完全であり、この同じ方が人間性において完全である。同じ方が真の神であり、同時に理性的霊魂と肉体とからなる真の人間である。同じ方が神性において父と同一本質のものであるとともに、人間性においてわれわれと同一本質のものである。『罪のほかはすべてにおいてわれわれと同じである』（ヘブ4・15）。

神性においては、この世の前に父から生まれたが、この同じ方が人間性においては終わりの時代に、われわれのため、われわれの救いのために、神の母、処女マリアから生まれた。この方は唯一・同一のキリスト、主、ひとり子として、二つの本性において混ぜ合わされることなく、変化することなく、分割されることなく、引き離されることなく知られる方である。
この結合によって、二つの本性の差異が取り去られるのではなく、むしろ各々の本性の特質は保持され、唯一の位格、唯一の自立存在に共存している。この方は二つの位格に分けられたり、分割されたりはせず、唯一・同一のひとり子、神、ことば、イエス・キリストである」（デンツィンガー・シェーンメッツァー編『カトリック教会文書資料集』301、302参照。邦訳と傍線は筆者）

こうしてカルケドン公会議は、唯一の位格において神の本性（神性）と人間の本性（人間性）が混合なく分離なく結合しているという、「位格的結合」の教義を確立しました。

さて、公会議は哲学の概念を用いて、イエス・キリストがだれであるかを矛盾なく定義することには成功しましたが、これがわたしたちの救いにとってどのような意味をもつのか、という問いが課題として残されました。

現代のわたしたちは、むずかしい哲学の理論よりも、むしろわたしたちの信仰に直接にかかわることとしてこの教義を理解していなければなりません。この教義の意味は、歴史の中のできごととなった受肉の神秘によって、主キリストが「肉」である存在を十字架の死を通して贖い、復活を通して永遠のいのちにあずかるものとしてくださったこと、主キリストは今もいつも栄光の中に臨在されながらも人間性をもつ方として、肉の存在であるわたしたちに救いの希望を与えてくださっていることです。

③この教義のもつわたしたちにとっての救いの意味

カルケドン公会議は、キリストの「位格」において神の本性と人間の本性とが混合なく分離なく結合している、という教義を宣言しました。ここで、「人間の本性」はわたしたちが経験によって知ることができるものであっても、「神の本性」が何であるかは、ただ類比によって推理するしか知りようがありません。人間の有限を知って、神はそうではなく無限である、人間の無知を知って、神はそうではなく全知である、人間の無能を知って、神はそうではなく全能であると言うだけなのです。

さらに、位格的結合の「位格」についても、わたしたちはそれが何であるかを具体的に把握することはできません。ギリシア語で「プロソーポン prosôpon」という言葉と「ヒュポスタシス hypostasis」という言葉とが並列して述べられていて、ただ哲学的に、「究極の主体」として推理するにすぎません。

ところで、「位格」は、英語で「パーソンperson」と訳されることもあって、誤解されがちなのですが、人間の知情意の主体である「人格」とは違います。「人格」はわたしたちの経験の対象ですが、「位格」はただ神的な存在についてだけあてはまる、わたしたちの経験することのできない哲学の概念です。

イエスの「人格」については、使徒たちの証言を歴史的・文献批評的に研究することを通して、ある程度までは知ることができます。しばしば人間としてのイエスがどのような自己意識をもっていたか、ということが問われますが、これは個々の場合について、歴史的・文献批評的な研究の成果を参考にして推測することしかできません。ともあれ人間としてのイエスの意識には限界があり、始めから将来のことをすべてを知っていたわけではありません。ルカが、「幼子はたくましく育ち、知恵に満ち、神の恵みに包まれていた」(2・40)と述べるように、イエスは少しずつ成長していったのです。

もともとカルケドン公会議に至るまでの歴史は、異端説を退け、正統信仰を維持するための努力でした。もしキリストが、アリウス主義の唱えるように、被造物のもっともすぐれた例であったとしたなら、世に現れた多くの預言者の一人、多くの宗教的指導者の一人にすぎなかったでしょう。しかし、キリスト者は、主キリストを通して神さまが人間の歴史の中で最終決定的な形でご自身を啓示しておられる、ということを信じています。そうでなければ、人類の歴史にはこれを越える人物が現れる可能性があって、わたしたちはいつまでも真に神さまを知り、その交わりをいただくことができなかったでしょう。

他方では、もし主キリストが、単性説の唱えるように、その人間性が神性との結合の瞬間から神性に統合されてしまって、ただ神性のみの方であったとしたら、わたしたちには及びもつかない存在であって、わたしたち肉である存在には真の救いが与えられなかったでしょう。キリスト者は、主キリストが真にわたしたちと同じ肉となり、その生と死を通して、わたしたちの肉を支配していた罪の力に勝利なさった方だからこそ、肉である存在のわたしたちに救いがもたらされたと信じています。

なお、主キリストがわたしたちと同じ人間性をお持ちだという教義は、ただイエスの在世時について述べるだけではなく、今もいつも、永遠に臨在しておられる主イエス・キリストについて語っていることを忘れてはなりません。主キリストは、人間性をお持ちの方として今もいつもわたしたちとともにあり、肉であるわたしたちの弱さを一緒に担ってくださる方、わたしたちがやがて神のいのちにあずかる者とされるように、取りなしてくださる方です。

聖書の引用はすべて、日本聖書協会の『聖書 新共同訳』を使用させていただきました。

あとがき

本書で勉強したのは、「下からのキリスト論」の概要です。それは、イエスの弟子たちが主と寝起きをともにし、宣教活動を手伝いながら、少しずつイエスがだれであるかを知るようになった過程に似ています。わたしたちも、できるかぎり史実のイエスを近くに知り、イエスに従うことを通して、イエスを主キリストであり神の子であるという信仰の内容を知り、これに生きるようになります。

これに続いて、続刊『キリスト者必読　生涯学習のための教会論』では、イエス・キリストによって創設された「教会」を学びましょう。キリストによって世界に派遣された教会は、歴史の変遷と世界の状況の変化に応じて、さまざまな形で展開しました。

そこで、わたしたちに求められるのは、まず教会が成立し、発展していった歴史の経緯を追いながら、しだいに確立された聖書の聖典や教義や職制や諸秘跡の儀礼などを学ぶことです。その上でさらに、わたしたちが置かれている世界の状況の中で、どのように教会は主キリストから委ねられた使命を具体的に遂行できるのか、どのように教会の伝統的な信仰生活や宣教のあり方を現代に適応したらよいのかを考えることです。

ぜひご一緒に、聖霊の導きのもとに、勉強を続けましょう。きっとまた新しい発見と、心の喜びがあるでしょう。

百瀬文晃　ももせ ふみあき

1940年　東京で生まれる。
1961年　イエズス会入会。
1970年　フランクフルトで司祭叙階。
1977年　フランクフルト・聖ゲオルグ神学大学で神学博士号を取得。
　　　　帰国後は、上智大学神学部で教える。
2001年　アテネオ・デ・マニラ大学（フィリピン）神学部で客員教授。
2007年より広島教区で司牧に従事し、現在に至る。

〈主な著書〉
『キリスト教の輪郭』『キリストに出会う』『子どもたちと読む聖書』『ここが知りたい キリスト教への25の質問』（女子パウロ会）、『キリストを知るために』『キリストとその教会』（サンパウロ）ほか。

ブックデザイン■森 木の実

キリスト者必読 生涯学習のためのキリスト論

著　　者／百瀬文晃
発 行 所／女子パウロ会
代 表 者／井出昭子
　　　　〒107-0052 東京都港区赤坂８丁目12-42
　　　　Tel.03-3479-3943　Fax.03-3479-3944
　　　　Webサイト https://www.pauline.or.jp/
印 刷 所／株式会社工友会印刷所
初版発行／2021年12月25日

ISBN978-4-7896-0825-1 C0016　NDC191